イライラしないママになれる本

子育てがラクになるアドラーの教え

岩井俊憲［監修］
野口勢津子［著］

秀和システム

はじめに

愛情不足？　と悩まないで。子育てには「技法」がある。

突然ですが、まずはこの本を手にとってくださった方に質問です。
次のチェックリスト、あなたはいくつ当てはまるでしょうか？

□どちらかと言うと真面目な性格だ。
□子どもが公共の場で騒ぐと焦ってしまう。
□子どもが忘れ物をしたときは届けてあげる。
□周囲の人に迷惑をかけないように気を配っている。

□子ども同士のケンカで、理由はどうあれ手を出すのは絶対にいけないと思う。
□夫が子育てに非協力的だ。
□子どもが大きくなったら、やりたいと思っていることがある。
□ママ友からの誘いは断りづらい。
□保護者会など、大勢のママの前でしゃべるのは緊張する。
□面倒見がいいほうだ。
□人から頼まれるのは平気だが、自分から人に頼みごとをするのは苦手。
□「ああなりたくない」と密かに思っているママ・子どもがいる。
□子どものしつけはきちんとしているほうだ。
□頑張っている自分は案外嫌いじゃない。

これは、あなたがどれくらい真面目で、子育てに一生懸命かを知るチェックリストです。

と同時に、「理想の子育て」「理想のママ像」「理想の子ども像」にしばられやすく、結果として毎日「イライラ」したり「ガミガミ」したりしてしまいがちな人の特

徴でもあります。

いかがでしたか？　思い当たるところはどれくらいあったでしょうか。

実はこれ、私自身のことでもあります。

あらためて自己紹介します。こんにちは！　野口勢津子です。現在、子育て中のママを対象に、子育てや発達凸凹の悩みに答える講座、個別相談、セミナー活動をしています。

実生活では、現在中学3年生と1年生の息子が二人。だいぶ手も離れてきたのですが、反抗期や思春期もあって、まだまだ現役子育て真っ最中のママです。あ、正直なところ、最近は「ママ」と言うよりは「肝っ玉母ちゃん」と言ったほうがピッタリ合っているかもしれません。

そんな私ですが、子どもが小さい頃はとにかく毎日が格闘。子どもとバトル、時間とバトル、騒がしくて落ち着かない毎日でした。男の子二人というのも関係あるのでしょうか、何をやらせようとしても「ヤダ」とそっぽを向き、外に出かければすぐ走り回る、顔を合わせれば常にケンカ。も～いい加減にして！　と、常に金切り声をあげていました。

一方で、そんな自分がイヤで仕方なく、子どもの寝顔を見ながら連日猛反省。「いつもごめんね。もう明日からはガミガミしないからね」と固く心に誓っても、翌朝、子どもを見るともうイライラ・ガミガミが止まりません。

子どもが生まれてからずっと、この「イライラ→ドカーン→自己嫌悪」の繰り返し。もっと楽しく子育てしたいのに。どうしてもイライラサイクルから抜け出せず、もがき苦しむ毎日でした。

「もう限界！　どうしたらいいの」

心の中は不安で悲鳴をあげていましたが、他のママに知られたら「母親失格」と思われるのが怖くて、ずっと楽しそうなフリをしていた私。

そんな「仮面ママ」生活がきっかけで、家族関係にヒビが入るある出来事が起こり、否が応でも子育てを本格的に見直さざるを得ない状況に追い込まれます。

どん底状況で偶然にも出会ったのが「アドラー心理学」でした。

心理学と聞くと学問のイメージがして、子育てには無関係なのでは、と思ったママもいらっしゃるかもしれません。

私も初めはそう思いました。

ところが、この「アドラー心理学」を提唱した精神科医アルフレッド・アドラー（一八七〇～一九三七年）は世界で初めて児童相談所を開設した人物で、当時の非行少年や親子をめぐる多くの問題に対し、治療と教育のために理論を打ち立てました。それが「アドラー心理学」なのです。

アドラーの考え方は、やがてアメリカを中心に多くの子育て世代の母親に受け入れられ、「新しい子育ての考え方」として大きな影響を与えました。

「アドラー心理学」という名を初めて聞いたときは、アドラーの人物像も理論も何にも知らなかったのですが、理論の一つである「勇気づけの子育て法」があまりにもシンプルで印象的でした。**親が子どもに簡単な「あること」を行うだけで、子どもとの関係がグングン変わるというのです。**長年頭を痛めてきた子育ての悩みが、こんな簡単なことでよくなるとは信じられませんでした。

ところが半信半疑で子どもに試してみると、たった一回でわずかですが明らかに子どもの反応が違ったのです。

講師の先生に、「特効薬ではないので、少しずつの変化を楽しんでください」とは言われたものの、手ごたえを感じられたのが嬉しくて、アドラー心理学をもっと学びたいと思うようになりました。

我が子との関係がどんどん変化すると、次第に私と同じようにイライラ・ガミガミばかりの子育てで悩んでいるママに「勇気づけの子育て」を伝えたいと思うようになりました。そこで、本書の監修者・岩井俊憲先生のもとで一からアドラー心理学を学び、「子育て講座SMILE」と「勇気づけ講座ELM」を開く資格を取得し、二〇一四年より横浜近郊を中心に講座を開催するまでに至ります。

本書では、イライラ・ガミガミの子育てをしていた私がアドラー心理学に出会って、子どもとの関係が見違えるほど変化した経験を元に、ママ目線でのアドバイスと、勇気づけリーダーとして講座でお伝えしている「勇気づけの子育て法」を、ポイントを整理してわかりやすくお届けします。

子育ては車の運転にたとえると、子どもが生まれただけでは、まだ「無免許運転」の状態です。いくら「愛情」というガソリンを満タンに積んでも「運転技術」を知らなければ無駄にガソリンを使い果たしてしまうだけです。

本書があなたにとって、楽しく快適な「安全運転」の子育てになる手助けとなることでしょう。

さあ、一緒にイライラ・ガミガミしないママになる方法を学びましょう！

目次

第1章 孤独な子育てに押しつぶされそうだった日々

第2章 アドラー心理学で、イライラしないママになれた！

第3章 アドラー流「勇気づけの子育て」

第4章 こんなときどうすれば？「困った場面」の対処法

第5章 子育てに迷ったとき、つらいときのヒント

第1章
孤独な子育てに押しつぶされそうだった日々

1 どうして私だけがこんなつらい思いをするの？

「イライラ・ガミガミしないママになれる方法」についてお伝えする前に、私がアドラー心理学から生まれた「勇気づけの子育て」に出会う前、どのような日々を送っていたかについて、少し触れたいと思います。

私の個人的な経験とは言え、子どもを持つ人なら多かれ少なかれ似たような経験をし、同じような思いを持って毎日を過ごしていらっしゃるのではないでしょうか。

我が家の恥をさらすようではありますが、こんなに子育てがうまくいかなくてもリカバリーできるんだ！　という例として読んでいただければ嬉しいです。

もう限界！　泣き続ける我が子にキレる

私が結婚したのは、27歳のとき。半年後に長男を妊娠、勤め先を休職して、まずは1年間育児に専念しました。

長男は体が弱く、しょっちゅう熱を出す子でした。病気で手がかかるのは仕方ありませんが、それ以上に困ったのが、とにかく火がついたように激しく泣く子だったことです。

泣きやんだと思って布団に降ろそうとするとギャン泣き。また、ちょっとでも私の姿が見えないとパニックになり、やはり大声で狂ったように泣きます。一度泣き出すと興奮してなかなか泣きやみません。小さいうちだけの我慢と思っていましたが、1歳を過ぎても変わりませんでした。あまりの泣き声に、近所から虐待の疑いを持たれるのではないかと心配になるほどでした。

一日中泣いてばかりの息子と二人っきりの毎日。誰でもいいから、大人と普通の会話がしたい。家でまだ幼い子どもと一対一で過ごしたことのあるママなら、誰しも覚えがあることでしょう。

そこで公園などに出かけるのですが、他の子が遊んでいると長男は「怖い」と言って泣きます。居合わせたよそのママと私が立ち話を始めようものなら、長男はすぐにあっちへ行こうと大声を出しながら私を引っ張ります。

（やめて！　頭がおかしくなりそう！）

もう限界。私はたかだか1歳の小さな子どもに自分の不満を思いっきりぶつけ、怒りに任せて大声で怒鳴りつけていました。

夫はわかってくれない

2年後に次男が生まれても状況は変わらず、泣いてばかりの長男と、まだ赤ちゃんの次男を世話するだけの毎日が続きました。その頃の私はヘトヘトに疲れきっていました。

なぜなら私の子育ては、たった一人の〝孤〟育てだったからです。

長男が生まれたとき、夫は「赤ん坊に触わるのが怖い」と言って、お風呂やおむつ替えなどの世話を一切拒否しました。そのときの私の絶望感、夫への不信感、ママたちならわかってくれると思います。

「夫婦二人に授かった子どもなのに、なんで私だけが仕事を休んで家で一人、子どもを育てなければならないの!?」

日中、家に子どもたちといると、「なんで私だけが……」という行き場のない怒りとやるせなさで、胸が張り裂けそうでした。

ストレスのはけ口は、夜遅く帰宅した夫に向けられます。しかし、一方的に不平不満をまくし立てる私を、夫は持て余し気味でした。最初の頃こそ機嫌をとるようなことを言ったりしていましたが、そのうちにいたわってくれるどころか、「子育てなんて仕事に比べたらラクなもんだろ？　よそのママはみんなちゃんとやっているのに、なんでお前はこんなこともできないんだ」と冷たく突き放し始めました。

ついには逆切れして、「うるさい！」と怒鳴ったり、ものを投げることもありました。

今にして思えば、私の怒りは夫にとって理不尽な部分もあったのでしょう。でも、当時の私は夫に対してさらに不信感を募らせるだけでした。

子どもの前では決して見せたくなかったのに夫婦ゲンカが絶えない家庭となり、夫との仲も急速に冷えていきました。

2 忘れものが減らない長男と理屈っぽい次男にイライラ

子どもたちは成長するにつれ、それぞれの個性がはっきりしてきました。

長男はどちらかと言うとボーッとしていて、どこか集中していないタイプ。忘れものの、失くしものの天才で、小学校に上がってからは、ほぼ毎日学校から忘れものの連絡が入りました。その都度、自分がだらしない母親だと言われているような気がして落ち込み、帰宅した長男をきつく叱る日々が続きました。

一方次男は、小さい頃から身支度や持ちものの管理はしっかりしており、その点では手がかかりませんでした。しかし、別の面で長男以上に手を焼きました。

次男はこだわりが強く理屈っぽいタイプで、納得がいかないとテコでも動きません。言われたことに対して少しでも疑問を持つと、「なぜそうしなくてはいけないの？」と「なぜ？　なぜ？」攻撃。こちらも最初は優しく説明しているのですが、あまりの聞き分けのなさに、最後はたいてい「いい加減にしなさい！」と声を荒げることになります。

幼稚園や学校でも先生の指示に対して、なぜ今座らないといけないのか、なぜみんなで歌わないといけないのか、なぜ教室を移動しなければいけないのか……などなど、ことあるごとに説明を求めるため、先生たちからは「反抗的な子」というレッテルを貼られてしまいました。

極めつけは、「なぜ学校に行かなければならないの？」という疑問。

私自身は子どもの頃、学校が嫌だと思ったことはあっても、登校自体に疑問を抱いたことはありません。「学校には行くのが当然」と思っていたのです。ですから次男に「なぜ？」と聞かれても答えられませんでした。

子どもの気持ちがわからない

正直言って、私には二人の子どもの気持ちや、なぜそんな行動をとるのか、理由がまったくわかりませんでした。親として至らないことを承知で言うと、理解しようともしていなかったのかもしれません。とにかく言うことを聞かせて普通の子にしようと、ガミガミ叱り続ける毎日でした。

夫はといえば、第1節でも書いたように子育てには無関心。それどころか、子どもが家で騒いでいると機嫌が悪くなり、私に対して「お前がそもそも普段からちゃんとしつけられないから、子どもたちがあんなになってしまったんだろ！」と怒る始末。子どもの育て方についての相談など、とてもできる雰囲気ではありません。

子どもと一緒にいる時間がほとんどない夫にとって、子育ての苦労は想像がつかない世界だったのでしょう。私がいくら大変さを訴えたところで、外で働く苦労に比べたら大したことない、という夫の考えは覆らなかったのです。

子育てがうまくいかなくて疲れ切り、自信もなくなっているところに夫からも否定され、私は二重に傷ついていました。

3 追いつめられていたのは、私だけじゃなかった

夫の名誉のために言っておきますと、結婚当初からそんな思いやりのない、冷たい人だったわけではありません（そんな人だったら結婚しませんよね！）。

子どもが生まれるのも、とても楽しみにしていました。

赤ちゃんだった長男の世話を拒否されて以来、ギクシャクしてしまった私たち夫婦でしたが、夫も父親として自信がなかったのだ、と今ならわかります。

お互いにもっと素直になって、お互いの状況を理解し、共に足りないところを補い合えればよかったのです。

私は外で働いていた経験もありますから、本当はわかっていました。仕事も子育てもそれぞれ大変で、どっちがどうと比べられるものではないことを。ただ、仕事と違って子育てには終わりがありません。また、仕事はスケジュールを立てられますが、

子育ては突発的な出来事の連続で、スケジュール通りには進められません。子どもへの愛情がいくら深くても、24時間、たった独りで対応し続けるには限界があります。そのことだけでも、もし夫にわかってもらえたら、どんなに気持ちが楽になったでしょう。

しかし、当時は私にも夫にも、素直に相手の立場や言い分を認められるような気持ちの余裕はありませんでした。

そんな中、家族の関係を見直すきっかけになった、ある出来事が起こりました。追いつめられていたのは、私だけではなかったのです。

「俺なんかこの世からいなくなればいい」

それは長男が小学6年生、次男が4年生の夏休み最終日のことでした。

二人は宿題の追い込みをしていたのですが、間に合わない焦りからか、リビングで口ゲンカを始めました。その日は日曜日。家にいた夫が「うるさい、やめろ！」と、子どもの間に割って入りました。

すると、普段はすぐ謝る長男がなぜか「子どものケンカに口出ししないでよ」と、やや語調を強めて言い返したのです。

思いがけない反抗に、夫の怒りは爆発。「誰に向かって口をきいてるんだッ」と怒鳴りながら、宿題のプリントを次々に外に放り投げ始めました。身を固くして泣き続ける子どもたち。私は「なんてことするの！　やりすぎじゃない！」と止めに入りましたが、夫の怒りはかえってヒートアップ、今度は私を厳しい口調で責め始めました。

いつものように夫婦で言い争っているそのときです。「わーーーーッ！」という長男の叫び声が部屋中に大きく響き渡りました。

見れば、長男が激しく壁に自分の頭を打ちつけながら叫んでいます。

「俺が悪いから二人がケンカするんだ。俺なんか、この世からいなくなればいいんだー！」

その姿を見た瞬間、張りつめていた心の糸がプツンと切れました。

子どもに悲しい思いをさせてはいけない。こんな生活はもう終わりにしなければ。

反射的に私は、いつも使っているバッグをつかみ、子どもたちの手を引っ張って家を飛び出していました。

4 子育てには愛情だけじゃなく「技術」が必要

私たち夫婦は話し合いの末、冷却期間を置くためにしばらくの間別居することにしました。

私が初めてアドラー心理学と「勇気づけの子育て」を知ったのは、ちょうど別居中、あの出来事から約半年後のことです。

仲よくしていたママ友に誘われて、どんな内容なのかも知らずに「アドラー心理学・勇気づけの子育て」という講演会に足を運んだのがきっかけでした。

行ってみると、30人ほど入る会場はほぼ満席。「子育てに悩んでいる人って多いんだな。私だけじゃないんだ」と少しホッとした気持ちと、「でもこの中で離婚寸前にまでなっているのは私だけなんだろうな」というつらい気持ちを同時に感じたのを覚えています。

会場に来ているママたちと少し喋ってみると、お子さんの年齢は高くても小学校低学年でした。彼女たちに比べると、私は倍近い時間、子育てに悩み、言うことをきかない我が子に手を焼いていたことになります。

子育ては学ぶもの

なぜ私は10年もの間、子育てについて誰かに相談したり、解決しようとしなかったのだろうと、そのとき思いました。

理由はおそらく二つあります。

一つは、子育てについて「学ぶ」という意識がなかったからです。それまでの私は、子どもが誕生したら母親には母性が自然と備わり、誰に教わることなく自然に子育てができるものだと思っていたのです。

誰かの歌みたいですが、子育ては「愛さえあればなんとかなる」と思っていました。学校で「子育て」という科目もありませんでしたし、家庭科で習ったのは授乳や抱っこの仕方など身の回りの世話の方法ばかり。子育て法については一切触れていません。

自然と子育ては私が子どもの頃に親からしてもらったことを、今度は我が子にすればいい、そのくらいに考えていました。

でも、それは間違いでした。**子育てには愛情だけではなく「技術」が必要だったのです。そのことを私は勇気づけの子育て講座で知り、とても助けられました。**

技術の内容については、第2章以降で順にお伝えしていきますので、ここでは「子育てには技術が必要」なことと、その技術は誰でも学べること、使いこなせるようになると、子育てが断然楽になること――それだけ知っておいてください。

認めたくなかった「母親失格」

もう一つの理由は、私が自分のことを「母親失格」だと認めたくなかったからです。

そもそも私は子どもが大好きで、結婚前は大手の中学受験塾の教室スタッフとして、子どもの通塾サポートや保護者との面談など、塾に通う子どもと親御さんを授業以外の面から支える仕事をしていました。

「親子だと感情的になってしまって、うまく話せないんですよね……」といったお母さんたちの悩みもたくさん聞き、アドバイスしてきたのです。それだけに、「自分ならきっとうまく子育てできる」という自負がありました。

ところが現実は……。

子どもがご飯をこぼしたり、服を汚したりするだけでイライラして怒鳴ってしまい、自己嫌悪に陥る毎日。

私がそんなふうだから、子どもたちはいつもオドオドし、私の顔色を伺いながら行動するようになっていました。それもまた、私のイライラに拍車をかけます。

自分が原因であることはわかっていても、自分の非を認めるのはプライドが許しませんでした。子育ての愚痴をこぼすと途端に不機嫌になる夫の手前もあり、とにかく子どもに厳しく接することで「よい子」の枠にはめ込もうと必死になっていました。

けれども、それも間違っていました。

見栄やプライドなんかとっとと捨てて、もっと早くから外に助けを求めていたら、私も子どもも10年以上も苦しまずに済んだのです。

もし、今あなたがつらい状況にいるのなら、一刻も早く行動を起こすことをオススメします。

5 どん底で出会ったアドラー心理学

講師の女性は、数年前から子育ての悩みを抱えている母親へ向けてアドラー心理学を伝えている方で、講演はアドラー心理学を知らない人のために簡単な説明があってから、勇気づけの子育て論に入りました。

講師の方は明るくユーモアがあり、会場は笑いに包まれながらも大切なポイントは印象的なキーワードを使って教えてくれました。

中でも印象的だったのが「ヨイ出し」という言葉です。**子どものダメなところを指摘して指導する「ダメ出し」とは違い、「ヨイ出し」とは子どものよくできたところ、長所を見つけて伝える指導法だというのです。**

ダメ出しとヨイ出しのどちらの言葉をかけられたほうが、人はよりやる気が出るかというワークを体験したのですが、受け手に与えるインパクトに大きな違いがあって驚きました。

ワークでは、紙に自分の名前を書いている間、講師の方が声をかけていきます。ダメ出しのときは「汚い字ね」「もっとちゃんと書けないの」といった言葉が続きます。ほんの数分ですが、書き終わったときの心境を聞かれると、ほぼ全員が「やる気がなくなった」「もう書きたくないと思った」と答えました。

続くヨイ出しでは、「うわぁ、よく書けたね！」「一生懸命取り組んでいるね」といった言葉がかけられます。すると不思議なことに、心の中からグングンやる気がみなぎってくるのです。他のママも笑顔になり、会場は一気に楽しそうな雰囲気に包まれました。

ダメ出しをヨイ出しに変える。こんな簡単なことだけで言われたほうの気持ちがこんなに変わるなんて。私はすぐにでも子どもたちに試してみたくなりました。

覚えたての「ヨイ出し」を実践！　子どもの表情が明るくなった

その日の夕方は、子どもたちの帰宅が待ち遠しくてたまりませんでした。こんなにワクワクしたのはいつぶりでしょうか。帰宅して宿題を始めた子どもたちに、さっそく「ヨイ出し」をしてみました。

「きれいに書けてるね！」

「姿勢がいいね！」

思いつくままに次々と声をかけました。すると、何年もダメ出しをされ続けて自信を失くしてしまった子どもたちは、私の突然のヨイ出しに大混乱です。

「どうしたの、急に」

「気持ち悪いなー。なんか下心でもあるんじゃないの？」

口では警戒するようなことを言っていましたが、表情は明るいのを見逃しませんでした。ヨイ出しの効果を感じて、私の心はますます高まりました。

ヨイ出しを始めて数日経つと、思いがけない効果も感じることがありました。

一つは子どもが家でのびのびと過ごすようになったことです。私の厳しい監視がこれまで子どもたちをどれだけ萎縮させていたのかと反省しました。

また、私が声をかけなくても、子どもたち自らお手伝いをする機会も増えました。

その行動にまたヨイ出しの言葉をかける。こうやって日常の中にヨイ出しが浸透していくのだと実感することもできました。

気づけば子どもたちは、私があれほど厳しく叱って無理やり守らせていたルールを自分から守り、宿題やお手伝いを率先して行うようになっていたのです。

これで安心と思いきや、だんだんと講演会で学んだ内容だけではどうしても対応できないケースも出てきました。子どもが友達とケンカをしたりトラブルを起こしたときなどはヨイ出ししようにもできず、どのような言葉をかけたらいいのかわかりません。子どもを元気づけたくて励ましの言葉をかけても「どうせ俺がダメだからそう言うんだろ」と、かえって落ち込んでしまうこともあったのです。

講演会で初めて触れた「アドラー心理学」。その技法の一つが「勇気づけ」。もしかしたら「アドラー心理学」を本格的に学べば、ヨイ出しでは対応できないような問題も解決できる方法があるかもしれない。「勇気づけ」をもっと学んでみたい。

私はアドラー心理学の講座を受講することに決めました。

第2章
アドラー心理学で、イライラしないママになれた！

1 胸にグサリと刺さったリーダーの一言

「アドラー心理学・勇気づけの子育て」の講演会に参加し、教わったことをその日のうちに実行した結果、わずかながらも子どもたちに変化が感じられた私は、もっとアドラー心理学と勇気づけについて学びたくなりました。

そこで、講演会の講師の方が開いていた講座「愛と勇気づけの親子関係セミナー（ＳＭＩＬＥ）」に通うことにしました。

この章ではまず、そこで学んだ感情についての考え方と、感情をコントロールする方法について、私なりの言葉でお伝えしたいと思います。

感情のコントロールは勇気づけの子育てに必要なステップ

「愛と勇気づけの親子関係セミナー（ＳＭＩＬＥ）」は、本書の監修者である岩井俊憲先生が主宰するヒューマン・ギルドで学んだリーダーが教える講座で、アドラー心理学を基礎に親と子の対応の仕方についてプログラムされたものです。

講座では、いきなり勇気づけの方法を教えてくれるのではなく、勇気づけに必要な考え方や視点を一つひとつ学び、身につけていきます。

感情についての考え方と、感情をコントロールする方法を知ることも、勇気づけの子育てに必要なステップの一つです。

子どもの行動にイライラしてしまったり、必要以上に感情的に叱ってしまう。子どもにもっと優しくしたいのにうまくいかない。自分の心のコントロールの難しさに悩んでいる方は多いのではないでしょうか。

もちろん、私もその一人でした。

しつけるために叱るのもいけないこと？

まず、私の胸にグサリと刺さったのは、リーダーの次の一言です。

「あなたは、子どもにその場限りの対応をしたり、感情的な対応をしていませんか？」

確かに、外食先で子どもに黙っていてほしいときにゲーム機を渡してごまかしたり、しつこく駄々をこねられるとイライラして大声で叱ったり……まさにリーダーのおっしゃる通り。まるでうちの中をこっそり覗かれた気分になりました。

ただ、子どもをしつけるために叱ったりするのはいけないことなのかな？　という気持ちもまだ残っていました。

しかし、講義が進むにつれ、私はこれまでの自分のやり方が間違っていたことに、どんどん気づかされていったのです。

2 子どもの行動の目的は親の注目を引くこと

アドラー心理学では、親が子どもに対して示す関心には、「正の注目」と「負の注目」の二つがあると言います。

・正の注目……ほめ言葉やほうび、勇気づけ、ヨイ出し
・負の注目……命令、叱る、罰、禁止する、ダメ出し

子どもの行動の目的は多くの場合、親の注目を引くこと。もちろん正の注目が得られれば最も嬉しいのですが、一生懸命いいことをしたり、いい子でいても、そのことに注目してもらえなかったとしたら、子どもはどうするでしょう。

注目を得られなかった子どもは傷つきます。そして今度は、泣いたり、ワガママを

言ったり、すねたり暴れたりして、「負の注目」を親から得ようとするのだそうです。

この話を聞いて、思い当たることがありました。

私は子どもに厳しく当たりがちでした。たとえば、食事の支度で忙しくしているときに「遊んで」などとしつこくせがまれると、「ワガママ言うんじゃないの！　今ご飯作ってるのが見てわからないの？」と、突き放していたのです。母親の注目を得られなかったせいで子どもたちは傷つき、私に対する態度がどんどん悪いほうにエスカレートしていたようです。

つまり、うちの子たちのあの態度は、私が引き出していたものなの？

そのことに思い至った瞬間、頭を何かで殴られたようなショックを受けました。

「正の注目」を与えれば、子どもの行動は変わる

逆に言えば、親が子どもをほめたり、ごほうびをあげるといった「正の注目」を与えれば与えるほど、子どもの「負の注目」を得ようとする行動（たとえば泣いたりわめいたり）は減っていくということです。

なるほど……とは思ったものの、まだ私は半信半疑でした。なぜなら当時の私は、子どもがいい子に育つためには、ダメなところを注意して直していく「しつけ」が大切だと信じて疑わなかったからです。

そんな私の気持ちを見透かしたように、リーダーがこうおっしゃいました。

「みなさんは、自分が育てられたときの経験だけをもとにして自分の子どもを育てていませんか？　けれども、経験のみに頼る子育ては、様々な点で不合理なことを含んでいます。実は、子育てにはかなり難しい技術が必要とされるのです」

そうか……子育てって子どもが生まれて母親になれば、ひとりでにできるものだと思っていたけど、違うんだ。「技術」が必要なんだ。確かに、自分では頑張っているつもりなのに、うまくいかないことばかりだものなぁ。

ため息が出るとともに、ちょっと安心もしました。なぜなら、うまくいかないのは自分の性格や考え方に問題があるせいではなくて、子育てに必要な技術を知らないだけだと割り切って考えることができたからです。

知らなければ学べばいい。私は「子育ての技術」を学び、習得することにがぜん興味と意欲が湧いてきました。

3 イライラを作り出しているのは自分

講座を受講している間は、毎日家庭であったことを記録する宿題が出ます。毎回学んだ内容に連動したテーマが与えられ、子どもを観察したり、言葉がけをするとどのような反応が返ってきたかを記録します。

これまで私は、子どもと暮らすということは毎日がハプニングの連続で、そのたびに対応する臨機応変な力が必要だと思っていました。**ところが、毎日の様子をコツコツ書き溜めていくと、一日の中にパターンがあることに気づいたのです。**

生活パターンを変えたら子どもたちのイライラが減った

まず、子どもがイライラするパターンです。外遊びが大好きな息子たちは、毎日学校から帰るとあっという間に外に飛び出して、そのまま門限まで帰ってきません。学校からのプリントや宿題をするのは帰宅後です。

私は子どもたちが宿題をしている間に夕食の支度をしていたのですが、子どもがイライラすることが多いのは、どうもこの時間のようなのです。きょうだいゲンカや、私と子どもの間で言い争いが起こるのは、この夕方の時間に集中して発生していたのです。

これは毎日の様子を記録して、一週間ほどで気づきました。考えれば子どもたちは食べ盛り。この時間はお腹が空いてイライラしやすくなるのだと予想がつきました。さっそく夕食の時間を前にずらすと、この時間に起こっていたトラブルをほぼゼロに減らすことができました。

一日の記録から見えてきた、私がイライラするパターン

そしてもう一つ発見したのは、私のパターンです。どんなときに私がイライラしたり、子どもを叱っているのかが記録から見えてきました。

○月×日。今日は仕事で大きなミスをしてしまった……。そのまま家に帰っても引きずりクヨクヨ。イライラ。なかなか切り替えられない。心が置き去りだと目の前の当たり前に気づく余裕がない。子どもの適切な行動も見つけられない……。

○月△日。小学校から子どもが友達とトラブルを起こしたと連絡が入る。胸がいっぱいになってしまって考えがまとまらない……。子どものちょっとした話しかけでもイライラしてしまう。

○月□日。子どもが朝からなかなか着替えない。声をかけたいけどガマンしていてイライラ。ただでさえガマンしているのに、きょうだいゲンカが始まってついに爆発。「うるさーい！」あーまた叱ってしまった。

私の場合は時間帯によるパターンではなく、精神的な面で悪い条件が重なるとイライラして、過剰に子どもを叱っていました。

仕事で失敗をしてしまったとき、小学校の委員会で疲れているとき、時間がなくて焦っているとき……子どもが原因でイライラしているとばかり思っていましたが、実はすべて私の都合ばかり。私の心に余裕がないときです。

これは私にとっては大きな発見でした。

「イライラは子どもが引き起こしているのではなく、ひょっとして自分自身が生み出しているの？」

それまで、イライラ発生のメカニズムは、子どものよくない行動や言動が引き金になっているとばかり思っていました。すべては子ども次第であって、自分では防ぎようがないと信じていたのです。

ところが、実際は私の心の中に原因があったなんて。

講座を通してアドラー心理学を知り始めると、私は自分の子育てが間違いだらけだと責められているような気持ちになりました。ですが、それはアドラーをまだよく知らないときに起こりがちな誤解で、後になってよく理解すれば、この「責められている」という感情も、自分自身が作り出していると知ることになるのです。

4 感情は自然に湧き出てくるものじゃない!?

私は自分の中にイライラを引き起こすパターンがあることに気づきました。さらに考えると、イライラ自体にもパターンがあるような気がしてきました。

私のこの疑問に答えてくれたのが、アドラー心理学の「感情」に対する考え方です。

「怒り」の感情の四つの目的

まず、アドラー心理学では、感情について次のように捉えます。

❖感情に対する考え方

①感情は、ある状況で、特定の人（相手役）にある目的（意図）を持って使われる。

②感情はコントロールできる。
③陰性感情（怒りや不安など、マイナスの感情）も含め、感情は自分のパートナー。

「感情は使われる」「感情はコントロールできる」と言われて、私はとても驚きました。感情は自分の意思と関係なく勝手に湧き上がるもの、と考えていたからです。

この考え方についてはすんなりとは受け入れられなかったのですが、次に教えてもらった「怒り」という感情の目的については、自分のことを言い当てられたようで、ドキッとしました。

❖怒りの目的

・支配
・主導権争いで優位に立つこと
・権利擁護
・正義感の発揮

怒りの四つの目的は、まさに私の怒りのパターンです。

子どもに私の間違いを指摘されたときに「親に口答えしないの！」なんて、怒ってごまかしていましたが、怒りのパターンで言うと「権利擁護」がぴったり当てはまります。

怒りは、相手を尊重するよりも、自分の信念を押し通したくなるときに使われます。

私が子どもに対してイライラしてしまうのは、根底に「子どもを親の言う通りにしたい＝支配」「子どもの人生に親が干渉したい＝主導権争い」「親の言うことは常に正しい＝正義感の発揮」という信念があるからだったのです。

怒りの目的を知ることは感情コントロールの近道

怒りの感情には四つの目的があることがわかりました。では、それを知ることでどんな効果があるのか、私の質問に対し、リーダーはこう答えてくれました。

「お子さんにイライラしているとき、怒りの目的が何なのかを把握することは、感情をコントロールできるようになる近道です」

なるほど。しかし、そもそも「怒りをコントロールできる」ということが信じられません。

すると、リーダーがこんな質問を私に投げかけてきました。

「あなたが公園でお子さんを叱っていたとします。その途中で他の親子から挨拶されたら、あなたはどうしますか？　笑顔で挨拶を返しませんか？　もしあなたが『感情はコントロールできない』とおっしゃるなら、叱っている最中に挨拶を受けたら、サッと笑顔を作れないはずではありませんか？」

あっ、と思って言葉に詰まりました。確かにリーダーの言う通り、子どもに対してどんなに怒っていても、誰かから声をかけられたら、パッと笑顔に切り替えるでしょう。

アドラー心理学の考え方に当てはめると、私は子どもを叱っている間、子どもを相手にして、支配を目的に怒りの感情を使っていたということになります。

他の親子に声をかけられたとき、一瞬で怒りを引っ込めて笑顔になれるのは、感情の相手が子どもから他の親子に変わったためです。感情を使う行為はすべてが一瞬の判断の結果ですから、使っている自分自身でさえもそうとは気づきにくいのですが、間違いなく自分で作り出して「使っている」のです。
これまでの見方、考え方が180度ひっくり返った瞬間でした。

感情はどんなものでも自分の大切なパートナー

感情について補足しておくと、感情には信頼感や満足感といった陽性感情と、怒りや不安といった陰性感情があります。

私たちは陰性感情を遠ざけたり避けたりしがちですが、すべて自分の大切な感情です。無理に押し殺したり、無視したりしないで仲良く付き合い、感情の意味を知ることが重要です。

たとえば、スポーツの試合で負けたとき、悔しさや落胆といった陰性感情が湧いてきます。ですが、その感情を無視せず、大切なパートナーとして味わうことで、結果に関わらずここまで努力した自分をねぎらったり、次への勝負に今回の敗因を活かすように切り替えることもできるのです。

5 「イライラ」の後ろに隠れているものを見つめよう

アドラーの感情に対する考え方を聞いたときの衝撃は、非常に大きいものでした。すぐには理解しづらいのですが、具体的な日常のケースを例にして説明を受けると、実感できることばかり。理論を頭で理解できれば、即実践に移しやすいのが特長です。おかげで私は、怒りやイライラのコントロール法もしっかりと身につきました。

その方法についてはこれから紹介しますが、まず、**「怒り」には後ろに本当の感情が隠れていて、二重構造になっていることを知っていただきたいと思います。**

二次感情としての怒り

たとえば朝、遅刻しそうな時間になっても子どもがなかなか起きてこないとき、たいていのママはイライラすると思います。「早く起きなさいッ」と子どもを怒鳴って起こそうとするかもしれません。

表面的には、ママは子どもに対して怒っています。でも、怒りたくて怒っているわけではありません。本当は、ママは子どもにどうしてほしい、と思っているのでしょうか。

よく考えれば、ママは子どもに早く起きてもらいたいだけです。けれども起きてこないから、「このままだと遅刻しちゃう」と思って焦っているのです。この「焦り」の気持ちが、イライラに隠されたママの本当の気持ちです。

こんなふうに、怒りの感情の根底には、焦り、心配、不安、寂しさ、悲しみ、落胆などの感情が潜んでいます。これらの潜んでいる感情を「一次感情」と言います。人は、一次感情が満たされないときに、怒りという二次感情を使って対応することが多いのです。なぜなら、怒りの感情はパワフルでエネルギッシュ。目立つし、相手に与えるインパクトも大きいので、一次感情がうまく伝わらないと思うと、次はこのよく目立つ「怒り」という「二次感情」を使って相手に伝えようとするのです。

リーダーの説明を聞いて、私は子どもに対してイライラして叱っているときの感情を思い出してみました。

つい最近では、何度言っても子どもが脱いだ靴を揃えないことにイライラして、大声で叱ったばかりです。大声を出して叱った理由は、度重なる子どもの態度に不満が募ったのが原因だと思っていましたが、この怒りの一次感情は何なのか見つめ直してみると、次の感情が見えてきました。

それは、何度注意しても母親の想いが子どもに伝わらない「悲しみ」。そして、次こそはちゃんとやってくれるだろうと期待しても、子どもが靴を揃えない「落胆」の感情でした。

「悲しみ」「落胆」の一次感情が満たされないから、「怒り」の二次感情を使って、私は子どもたちになんとしてでも靴を揃えさせたかったんだとわかりました。

感情の正体がわかっただけで、不思議とイライラがフッと軽くなる気がしました。

私が子どもに伝えたかったのは「イライラ」ではなく一次感情の気持ちです。

「イラッとしたら、一次感情を探す」、ここまでが怒りをコントロールするための第1ステップです。次のステップは、見つけた一次感情をうまく伝えることになります。

6「私」メッセージで表現すると怒りをコントロールできる

怒りをコントロールするための第2のステップは、一次感情を「私」メッセージで表現することとです。「私」メッセージとは、相手の行動に対する自分の意見を、自分を主語にして伝える方法です。**その反対が「YOU」メッセージ。**これは、相手の行動に対する自分の意見を、相手を主語にして伝える方法です。

具体的に、子どもが食事の時間にテレビばかり観ていてなかなか食べ終わらないという場合に、発する注意を例に挙げてみましょう。

「YOU」メッセージは相手への攻撃

まずは「YOU」メッセージからです。

「なんで（あなたは）いつまでもテレビばかり観ているの！」

私もですが、普通はこのように言って叱るママが多いのではないかと思います。

では、言われたほうの子どもはどう感じるか、考えてみたことがあるでしょうか？

このように言われたら、子どもは自分が非難されたり攻撃されたと感じます。非難や攻撃をされれば、子どもは構えたり心を閉ざしたりして、言葉に込めた親の意見を聞き入れられる状態ではなくなります。そのため、親子の主張が対立してしまいます。

では、「私」メッセージを使うとどうなるでしょう。

「あなたの食事が進まないと、（私は）食器を洗うことができなくて困ってしまうの。テレビを観るのは食事が終わった後にしてくれると助かるんだけど」

「私」メッセージは、相手の行動についての「私」の意見を伝える方法ですから、相手を攻撃したり非難することがありません。子どもも素直に耳を貸してくれます。

こちらの意見を聞き入れるかどうかは子どもが判断することなので、必ずしも親の主張が通るとは限りませんが、「私」メッセージを使うと、使っている親も感情的にならずに意見を伝えることができ、お互いに風通しのよい話し合いができます。

相手を傷つけずに、自分の気持ちを伝えられるのです。

感情のスイッチは自分の手の中にある

怒りの感情を使ってコミュニケーションをとると、相手を傷つけたり、攻撃的にさせたりすることになり、非建設的なやりとりになります。

怒りを使わないためには、怒りのコントロールが必要。そのためには、まず怒りの一次感情を知ることが大切です。

イライラというものは、油断すると勝手に心に入り込んでくる困った感情だと思っていたけれど、入ってくるものではなくて、自分で作っているのです。それがわかったとき、**心の主導権が自分の手の中に戻ってきたような感覚を覚えました。**さらには、イライラの正体は二次感情だったと知りました。

後ろに隠れている一次感情を突き止めることができると、それだけで、不思議なくらいイライラが鎮まっていくのがわかります。こうなると、心のハンドルはもう自分の思うままにできそうな気持ちになるでしょう。

感情のスイッチは制御不能ではなく、自分の手の中にあるのです。

第3章
アドラー流「勇気づけの子育て」

1 ほめて育てるだけでは解決できないこともある

アドラー心理学を学び始めて、私の子どもへの言葉かけも随分と変化が出てきました。

最初は、第1章でもお話ししたように、ダメ出しをやめました。子どもの不適切な行動に注目する「負の注目」をやめたのです。

イライラは急には減りませんでしたが、怒りのメカニズムが理解できると、目の前でイライラすることが起こっても、怒りの一次感情を考えているうちに冷静さが戻ってきて、子どもに「私」メッセージで話せることも時々できるようになりました。

成功した経験が増えていくと子育てに自信がつき、ますますイライラを子どもにぶつけないでいられるようになりました。

こうやって変化を確かめることができるのが、学びを継続できる最大の理由だと実感じ始めた頃、新たな問題が発生したのです。

「ほめ」には副作用がある

子育てに少しずつ自信もついてきて、積極的に子どもに声をかけるようになった頃、子どもたちが最初と違った反応を示すようになりました。

たとえば食事の後、食器を下げてくれたときに「えらいね～。食器を下げたね」などと声をかけると、「へへ、まあね！」なんて嬉しそうにしていたのですが、だんだん嬉しそうな反応が減っていったのです。むしろ子どもたちが私の言葉を鬱陶しく感じているのが伝わってきて、「うまくいってないな」と、自分でも思っていました。

ある晩、塾の宿題をやっている長男を「今日もえらいね！」とほめたそのときです。とうとう長男に「そうやっておだてて、俺たちにいろいろやらせようとするのやめてくれる？　かえってやる気がなくなるんだよ」と言い返されてしまいました。

後になって、ほめて育てることには副作用があることを知り、これがまさにそうだったと思い至ったのでした。

2 「ほめる」と「叱る」は実は同じ行為

ほめることはよい効果も生むのですが、使いすぎると薬の副作用のように、よくない効果も現れてきます。

実は、アドラー心理学では、「ほめる」という行為は「叱る」と同じ作用があると考えます。

そう聞いたときは本当に驚きました。ほめることは「正の注目」で、叱ることは「負の注目」であり、同じではないはずです。それなのになぜ、この二つに同じ作用があると言うのでしょうか。

「ほめる」と「叱る」には共通点がある

ちょっと難しい言葉ですが、子どものやる気を引き出す動機づけには「内発的動機づけ」と「外発的動機づけ」の二つがあります。

内発的動機づけとは、子どもに自分でやる気を起こさせる動機づけで、自分自身で達成・成長・有能さを感じ取り、自発的に行動したくなるようになります。

一方、外発的動機づけとは、子どもの行動の動機づけに外から働きかける関わりです。子どもに金銭的なごほうびやほめ言葉といった褒賞を与えることでやる気を誘発しようとしたり、逆に叱ったり罰を与えて行動を制限しようとする、いわゆるアメとムチです。外から子どもをコントロールしようとする動機づけの方法です。

その観点から言えば、ほめることも叱ることも、共に子どもを外から操作しようとしている外発的動機づけの行為であることに変わりないのです。

ほめる人とほめられる人の間には、「上下関係」が発生する

この話を聞いて、長男が私の「ほめる」言葉がけで不機嫌になった理由がわかりました。

最初のうちこそほめられればやる気も出たものの、時間が経つにつれ、ほめられることで自分が親に操作されているように思い、息苦しく感じていたのでしょう。

そもそも、ほめるというのは、親が「よくできた」と思ったときにだけ行う評価の言葉がけです。子どもが失敗したときや、親が望むような結果が出なかった場合、子どもはほめてもらえません。

また、ほめる人とほめられる人の間には、「上下関係」が発生します。たとえばあなたが子どもから「今日も家事をやってえらい！」と言われたら？　違和感を感じませんか？

親が子どもにほめ言葉をかけるとき、子どもを下に見ているのです。

「ほめる」「叱る」子育ては子どもを操作する子育て

「ほめる」と「叱る」。一見、正反対の行為ですが、親が子どもを操作する方法であることには変わりはありません。

子どもがよいことをすれば「ほめる」、悪いことをしたら「叱る」。まるで子ども

をリモコンで操作しているのと同じです。

こうやっていつまでも親がコントローラーを握りしめていたら、子どもは自分で考えて行動しなくなるでしょうし、親はいつも子どもの行動を監視していなければなりません。子どもがいくつになってもイライラ、キリキリしていなくてはならないでしょう。

そもそも私たち親だって、親や先生に評価されることを喜びと感じて行動する子どもではなく、自分の力で解決することに喜びを感じて行動する子どもに育てたいと思っている人が大多数のはずです。

ですが残念ながら、ほめたり叱ったりの子育ては、その思いが子どもにまっすぐ届く方法ではなかったのです。

ではどうすればいいのでしょう？

その疑問への答えが、アドラー流・勇気づけの子育てにありました。

3 勇気づけとは、「困難を乗り越える活力」を与えること

いよいよ、講座のタイトルにもなっている「勇気づけの子育て」について、学ぶ日がやって来ました。

実はこのときまで、肝心の「勇気づけ」とはどういうことなのか、よくわかっていませんでした。

文字の通りに考えれば、子どもを励まして育てること、のようにも思われます。けれども、アドラー心理学で考える「勇気」とは、もっと違った意味を持っていました。

勇気とは「困難を乗り越える活力」

まず、アドラー心理学における「勇気」とは。

アドラー心理学では、勇気とは「困難を乗り越える活力」と考えます。勇気づけとは相手に「困難を乗り越える活力を与えること」になります。

子どもが困難を目の前にしたとき、すぐに親に助けを求めたり、最初から無理とあきらめたりせず、「難しいかもしれないけれど、自分の力で解決したい」「きっと自分なら解決できるはず」と思うのが「勇気」であり、その勇気を満たしてあげることが「勇気づけ」なのです。

前節で、子どものやる気を引き出す動機づけには、子どもに自分でやる気を起こさせる「内発的動機づけ」と、アメとムチで子どもを操作しようとする「外発的動機づけ」の二つがあるとお話ししました。「ほめる」「叱る」は、「外発的動機づけ」。

アドラー心理学の「勇気づけ」は、内発的動機づけに働きかける方法です。

勇気づけの土台は「共感」「尊敬」「信頼」

では、どうしたら子どもの勇気を満たしてあげることができるのでしょうか？

ここで注意していただきたいことが一つあります。それは、勇気づけに関して大切なのは、いきなり方法だけを実践しても効果がないということです。

方法だけを知って行うことは、ほめたり叱ったりする子育てと同様、子どもを意のままに操るために勇気づけを利用することになりかねないからです。

勇気づけを実践するには、まずは子どもとよい関係を築くことを目指さなければなりません。

相手との関係が良好ならば、言葉が真意の通りまっすぐ伝わりやすくなります。ところが、関係が良好ではない場合、耳に聞こえのいい言葉をいくら並べても、心ではそう思っていないのではと勘ぐられ、言葉がまっすぐに響かなくなるのです。

子どもとよい関係を築くために必要なのは、土台となる三つの「態度」です。

それは、「共感」「尊敬」「信頼」です。

次節から一つずつ詳しく説明していきます。

4 勇気づけに必要な態度①
子どもの気持ちに寄り添い「共感」しよう

勇気づけに必要な一つ目の態度は、「共感」です。

「共感」とは相手の目で見て、相手の耳で聴いて、相手の心で感じる態度です。「共感」の態度で接することで、子どもとの関係がよくなります。子どもに、「親は味方」だと思ってもらうことが大切です。

たとえば、子どもが泣いて帰ってきたときには、「ほらみなさい！　ママの言うことを聞かなかったからでしょ」と追い打ちをかけるのではなく、「泣いてる理由を聞かせてくれる？」と背中を抱いたり、落ち着くまでただ抱きしめてあげましょう。それが「共感」の態度であり、親の役割です。

親は子どもをほめたり励ましたり、逆に責めたり指導しようとする必要はありません。あくまでも、子どもの気持ちに寄り添うことが重要です。

「親として」手本にならねばという気負いを捨てる

親ならばきっと誰しも「子どもを立派に育てたい」「子どもにとっていい親でありたい」と思っていることでしょう。その背景にはもちろん、子どもへの愛があります。その結果、どうしても「親として」とか「親なんだから」と手本になろうとして、子どもに教訓を垂れたり説教をしたり、自分の経験から結果を予測して助言をしたりしがちです。

けれども、考えてみてください。もしあなたが、朝から忙しく働いていて、夕方とうとう疲れてしまい、晩ご飯の支度の前にウトウトしていたとします。それを見た子どもにこう言われたらどう感じますか？

「ママ、ダラダラしないでよ！　今は晩ご飯の支度をする時間でしょ」

正論ではありますが、この言葉に起き上がる気力が湧くでしょうか？

それよりも、「あれ、こんな時間から横になるなんて珍しいね。朝から忙しかったの？　お疲れさま」と共感の態度で接してくれたら、きっとそのいたわりの気持ちに感激して、頑張って起き上がれるのではないでしょうか。

ママは子どもと共に喜び、見守る親友になろう

「共感」の態度を身につけるのに最も効果的なのは、子どもの話に口を挟まず、黙って聴くのを心がけることです。

アドラー心理学の講座では、「自分の話したい誘惑を克服する」と言っています。相手の話の最中に「なんて返事をしようかな」と考えをめぐらさずに、話に集中します。相手の見方・考え方に関心を持って話を聴きます。

たとえばテストの結果に対してあれこれ説教したくても、それは「親の考え」ですからグッと我慢。子どもが「結構自信があったのに、案外悪かったよ」と言ったら「そう、自信はあったのにね」というふうに、「共感」の態度で相槌を打ちながら話を最後まで聴きましょう。子どもに「思う存分話せた」と感じてもらえたら成功です。

ママに目指してほしいのは、子どもをリードする人生の先輩ではなく、共に喜び、見守ってくれる親友なのです。

5 勇気づけに必要な態度②
かけがえのない一人の人間として扱おう

勇気づけに必要な態度。次は「尊敬」の態度です。

私たち日本人が「尊敬」と聞くと、目上の人を敬う態度を思い浮かべる方がほとんどでしょう。でも、アドラー心理学で言う「尊敬」は少し違います。

アドラー心理学で言う「尊敬」とは、相手を大切に扱う気持ちです。年齢・性別に関係なく、一人の人格を持った人物として尊重する気持ちを持って接する態度です。

子どもにも「尊敬」の態度で接するのです。

あなたはお子さんを尊敬してますか？

「あなたはお子さんを尊敬してますか？」。こう聞かれると返事に詰まってしまうママもいると思います。日頃、尊敬することを意識して生活している人は少ないでしょう。

それでは、「あなたはお子さんを大切な家族の一員だと思っていますか？」。こう聞かれたらどうでしょうか。これなら「はい」と答えやすいかもしれませんね。

家族の一員として尊重するということは、子どもの意見や考えも尊重する態度を持つということです。「まだ子どもだから」「未熟だから」といって意見を真剣に聞かなかったり、最後まで聞かずにはねのけたりしていませんか？

あなたも、あなたのお子さんも、この世にたった一人しかいない「かけがえのない存在」です。あなたがかけがえのない自分自身を大切にするように、あなたのお子さんを大切に扱う気持ちが「尊敬」です。

「尊敬」とは、すべての人を「対等に大切にしたい」と思う気持ち

あなただったら、大切な人と一緒にいるとき、どんな言葉をかけ、どんな態度で接

しますか？

そんなことを想像して行動すると、子どもに接する際の「尊敬」の態度のヒントになります。

たとえば友人と出かけようとして、相手が支度に時間がかかっていたとしたら。あなたは友人にどのような言葉をかけますか？

「もう、いつまで時間がかかっているの！　早くしてよ！」

……とは、決して言いませんよね？

「何かお手伝いできることがあったら、遠慮なく言ってね」といった応援の言葉や、気遣う声をかけたくなるのではないでしょうか。

友人も子どもも「かけがえのない存在」。等しく尊重すべき存在です。

すべての人を「対等に大切にしたい」と思う気持ちが「尊敬」です。

そして、子どもの頃から一人の人間として礼節を持って扱われた子どもは、自分がされたのと同様に、周囲の人を大切にするようになるのです。

6 勇気づけに必要な態度③ 子どもを丸ごと無条件で信じよう

勇気づけに必要な三つ目の態度は、「信頼」の態度です。

「信頼」とは相手がどのような行動をとっていても、相手を丸ごと「無条件で信じる」心です。

子どもが大人へと成長していく過程には、非行に走ったり、周囲とトラブルを起こしたり、ママにとっては受け入れがたい行動をとることもあります。

けれども、どんなときでも、「この子には困難を乗り越える力がある」「この子ならきっと大丈夫！」と、無条件で子どもを信じ続ける態度が「信頼」です。

あなたは子どものあるがままを認めていますか？

子どもを「親の言うことを聞いているときだけ」「よい子でいるときだけ」「いい学校や会社に入ったら」受け入れるのは、「限定された条件付き」の愛情です。限定条件付きの愛情は、子どもを親の望み通りに操作しようとしているのと同じです。

自分の子どもを信じるのに、根拠なんていりません。

どんなときも子どもを全面的に応援し、味方になってあげる。それが「信頼」です。

いつかはお互いに「共感」「尊敬」「信頼」し合える関係に

本来、よりよい人間関係を築くためには、相互に「共感・尊敬・信頼」し合える関係が理想です。けれども、相手からも同じくらいに「共感・尊敬・信頼」されたいと望むのはやめましょう。

まずは自分から子どもに「共感・尊敬・信頼」を届けましょう。子どもよりママが〝いつも先に〟、子どもよりママが〝より多く〟「共感・尊敬・信頼」の気持ちを持って接します。子どもから自分に「共感・尊敬・信頼」の態度が返ってこなくても、与え続けるのです。

与えて、与えて、与え続ける。「ゆっくりと少しずつ、子どもにも共感・尊敬・信頼の態度が育ってくれたらいいいな」。そんなふうにのんびりと構えて続けましょう。

7 子どもを勇気づける五つのポイント

「共感」「尊敬」「信頼」について理解ができたら、いよいよ「勇気づけ」の技術を学びましょう。「勇気づけ」で大切なポイントは、全部で五つあります。

①感謝の気持ちを伝える

「ありがとう」「助かるわ」「嬉しい」など直接言葉に出して伝えます。

「よくできたね」といったほめ言葉と違い、感謝は評価的な態度にならないので、小さい子どもでも「自分の行為が役に立つことができるのだ」という喜びにつながります。この喜びが「誰かの役に立ちたい」という内発的動機づけにつながり、自発的に行動する勇気を育てます。

②ヨイ出しをする

これまでダメ出しばかりしてきたのなら、まずは、「ほめ」なのか「勇気づけ」なのかにこだわらず、積極的にヨイ出しをするところから始めましょう。

ただし、「特に秀でているところ」や「格別に努力していること」を見つけようとはしないこと。

勇気づけるなら、子どもの行為の結果に注目するのではなく、努力やプロセスを重視し、すでにできていることや力を注いできた努力に対してヨイ出しをしましょう。

たとえば、「今日も一人で起きられたね」でもよいのです。何気ない日々の積み重ねがあって今日が無事迎えられているのです。日常に埋もれてしまった、たくさんの適切な行動にスポットライトを当てましょう。

③聴き役に徹する

親に最後まで話を聴いてもらったと感じた子どもは、大切にされたと感じます。**相手の目で見て、相手の耳で聴いて、相手の心で感じる。**子どもの喜びを共に分かち合いましょう。

④相手の進歩・成長を認める

子どもは日々成長しています。**他人と比べるのではなく、子ども自身の過去と比べて感じた進歩や成長を認めましょう。**

また「お兄ちゃんはすごいね」などといった人物そのものに与えるような言葉がけではなく、「前よりもお箸の持ち方がうまくなったね」のように具体的な行動を挙げて伝えましょう。

人物に与える言葉かけは評価することにつながりますし、子どもが失敗したときには人格否定につながりかねません。

一方、行動に注目した言葉がけは、声をかけるたびにプラスの印象が積み重なります。

⑤失敗を許容する

あなたは失敗をいけないことと捉えてはいませんか。失敗は成功と同様、あくまでも結果に過ぎません。結果にばかり注目することは、評価的態度につながります。

むしろ、失敗は勇気を出して挑戦したからこそ得られた経験ですから、向上心や計画を見直す機会など、成長につながる言葉がけの機会が多く潜んでいることに気づいてください。

「勇気づけ」には、子どもをやる気にさせる特効薬の効果はありません。

もちろん、一発逆転ホームランも狙えません。

コツコツと毎日少しずつ繰り返し続けることで、子どもの心に勇気が届きます。

勇気づけられて育った子どもは自主的になり、自分で考えて行動できる力が身につきます。自分の力で困難を乗り越えようとする子になるのです。

また、親子が「共感」「尊敬」「信頼」で結ばれていれば、子どもが困った行動を起こすことも少なくなります。

その結果、ママがイライラすることもなくなるでしょう。

8 「なんで？」という問いかけは子どもの勇気をくじく

「勇気づけ」の反対は「勇気をくじく」ことです。

実は普段、知らず知らずにやっていること、かけている言葉が、子どもの勇気をくじくことにつながっていることがあります。

ここではそんな「勇気くじき」の例を挙げてみます。

なにげない言葉がけの中にある、勇気をくじく要素とは

子どもは4～5歳くらいになると、大人の真似が楽しくなってきます。進んでママのお手伝いを引き受けてくれたり、なんでも「やりたい！」と立候補。

子どもがやる気にあふれているこの時期は、ぜひ家の中でも、家族の一員として食

卓の準備や洗濯ものたたみなど、積極的にトライさせてあげたいものです。

ですが、当然のことながら危なっかしくて……。

最初から上手にできる子はいないとわかってはいても、せっかく作った料理を食卓に運ぶ途中でガチャーンとこぼされたら、思わず一言言いたくなってしまいますよね。

「あんなに気をつけてって言ったのに！　なんでこぼしちゃったの！」

子どもにこんな言葉をかけていませんか？

実はこの言葉がけの中には、気になるキーワードが隠れているのです。

やってしまったことの原因を追求しない

人の行動には〝わけ〟があります。〝わけ〟には「原因」と「目的」の二つの側面があります。

「なんで～したの？」という問いかけは、「原因」を探る質問です。

子どもが受け入れがたい行動をしたとき、つい過去にさかのぼって行動の〝わけ（原因）〟を突き止めようとしがちです。

先ほどの例で言えば、「うっかり手が滑ったから」「食器が重かったから」……など、いろいろな原因が考えられますが、所詮は不可抗力。原因がハッキリしたところで解決策にはなりません。

原因探しの問いかけは責任を問われているような気持ちにさせるので、子どもはお母さんから責められたような気持ちになります。やってしまったことを追及されて、解決策も見つけられないこの問いかけは、子どものやる気を失わせ、勇気をくじいてしまうのです。

「原因」ではなく行動の「目的」に注目しよう

対して、「目的」からアプローチすると、「なんのために～したの？」となります。この場合、過去ではなく、成し遂げたかった未来に焦点が当てられます。

お皿運びをしたかった目的は、「自分一人でもできるようになりたかった」「ママの役に立ちたかった」などが考えられます。

行動の結果がたとえ失敗でも、行動の「目的」に注目すれば、子どもの「やる気」

や「貢献したい気持ち」といったプラスの面が見えてきます。

子どもの失敗は、食事をこぼされたり、家のものを壊されたりと、ママにも痛みを伴い、迷惑がかかることばかりかもしれません。

そんなときはどうか、行動の背後にあるプラスの「目的」を思い出してください。

「なんでこんなことをするの！」と、子どもに「原因」を聞きだす前に、「なんのためにこのことをしたのだろう」「本当はどうしたかったのかな？」と「目的」探しをしてみてください。

「目的」で考えると、「じゃあ次はどうしたらうまくいくかな？」と子どもに考えてもらうこともできますし、同じ失敗を繰り返さなくなります。

たとえば食事を運ぶ途中でこぼしてしまったのなら、「じゃあ、今度はどうしたらうまくいくかな？」と子どもに問いかけてみましょう。

「ゆっくり歩いてみる！」「おぼんの持ち方を変えてみる！」など、子どもに考えてもらうことも、工夫と改善を学ぶいい機会です。

さらに、自分で考えた方法でうまくできるようになれば、子どもの自信もやる気も、アップすること間違いなしです。

9 勇気をくじくネガティブな「セルフ・トーク」に注意

もう一つ、「勇気くじき」の例を挙げます。

今回は、自分で自分に「ダメ出し」をしてしまう「心のクセ」のお話です。

もしかしたら、あなたもついうっかり自分に「ダメ出し」をしてしまっているかもしれません。

自分への「ダメ出し」は勇気をくじく

忘れものや遅刻、見落とし、勘違いなど、人間誰しも失敗はあると思います。

そんなとき、あなたは心の中で思わず、「あーぁ、またやっちゃった……私ってドジ」などとつぶやいてはいないでしょうか？

軽い気持ちで言っていたとしても、それは自分への「ダメ出し」です。

ただでさえ失敗して落ち込んでいるのに、さらに自分の言葉で追い込むことは、自分で自分の勇気をくじいているのと同じなのです。

つい「ダメ出し」してしまうのは心のクセ

人は一日に約5万語近く、心の中でつぶやいていると言われています。心の中で自分に語りかける言葉を「セルフ・トーク」と言います。

セルフ・トークには自分に「ダメ出し」する言葉もあれば、「頑張ってるね」「やったー、今日もツイてる！」といったプラスの言葉（ヨイ出し）もあります。

自分への「ダメ出し」と「ヨイ出し」、どちらのセルフ・トークが多いかはその人の〝心のクセ〟によるのだということを、私はアドラー心理学から学びました。

そして、そうとは気づかず何年も自分への「ダメ出し」を繰り返すことで、「私はダメな人間だ」と自分で思い込んでいたことにも、気づくことができました。

言葉の力。私たちはそのパワーをプラスにもマイナスにもすることができるのです。

10 子どもを勇気づける前に、まず「自分」を勇気づけよう

本章の最後に、一番大切なことをお伝えしたいと思います。

子どもを勇気づけたいと思うならば、何よりも一番にしてほしいことは、自分自身を勇気づけることです。

子育ての悩みや、時間のなさ、体力的な問題などからあなた自身がすり減って空っぽになっていたら、子どもを勇気づけることはできません。

あなたの心は悲鳴を上げていませんか？

もし今、イライラが止まらないとか、子育てが楽しくない……と感じているなら、あなたの心が悲鳴を上げている証拠。

心が空っぽなのに、子どもに愛情を注ごうとしても苦しくなるばかりです。そんなときは、自分自身が幸せになれる方法を探しましょう。

一番いいのは、誰かに子どもを預けて「自分だけの時間」を確保すること。

私も、子どもがまだ赤ちゃんだったとき、なんとか夫に子どもを見てもらう約束をとりつけて、たった30分でしたが近所を散歩したことがあります。コンビニで雑誌をパラパラめくったり、スイーツを物色しただけで帰ってきましたが、それまでのウツウツした気分が晴れて、ウキウキした気持ちになりました。

玄関を開けたとき、家の中の景色が変わって見えたことを鮮明に覚えています。

自分に「共感」「信頼」して、自分で自分の味方になろう

でも実際は、子どもを見てくれる人なんていない、一人で外出できるような機会なんてないというママが多いでしょう。

そういうママにこそ、「自分自身への勇気づけ」を実践してほしいと思います。

「子育てがつらい」と思っている自分を否定せず、「私だって一人の人間。愛情にも

限界があるのは当たり前よね」と「共感」してください。一方で、「子育てを頑張りたい」と思っているあなたもいるはずです。そのポジティブな目的にも「共感」しましょう。

たとえうまくいかない日があったとしても、「大丈夫。私ならいつかできるようになる」と、根拠なく自分を「信頼」します。そして、「今日も頑張ったね」と自分で自分を勇気づけます。自分で自分の味方になるのです。

あなたが自分の心を幸せで満たしたとき、あなたの周囲の大切な人を幸せにできます。勇気づけも同じです。**あなたが自分自身を勇気づけ、自分の「あるがまま」を受け入れる勇気が持てたとき、初めてあなたはあなたの周囲の人を勇気づけることができます。**

あなたが最初に勇気づけるのは「あなた自身」なのです。

第4章
こんなときどうすれば？「困った場面」の対処法

1 きょうだいゲンカは「見て見ぬフリ」が正解

この章では、私が主宰するセミナーやブログに寄せられるママたちの悩みから、代表的なものを取り上げて、解決法を考えます。

まず最初は、「きょうだいゲンカ」に関する悩み。

子育ての悩みで、いつも上位にランクインしてくるのが「きょうだいゲンカ」。子どもが大きくなっても、なかなか減らないきょうだいゲンカに頭を痛めているママは多いようです。

ところで、きょうだいゲンカは一日中頻繁に起こっているように思えますが、注意深く観察してみると、ママが見ているときに特に多い……ということはありませんか。

「そう言えば、子どもたちだけでお留守番していたときは仲よく遊んでいるわ」

確かに当てはまる、と思われたママもいらっしゃるかもしれません。

アドラー心理学では「すべての行動には『目的』がある」と考えます。そして、「人の行動には『相手役』がいる」のです。

きょうだいゲンカは「構ってほしい」気持ちの表れ

この本をお読みのママたちに質問です。かつて、好きな男性に合わせて洋服や髪形、音楽の趣味などを彼好みに変えたことはありませんか？

その姿は「誰に」見せたかったのでしょう。そう、あなたにとって意中の彼。それが行動の「相手役」です。

ここでもう一度きょうだいゲンカに戻りましょう。

子どもたちはケンカを「誰に」見せたくて（＝相手役にして）やっていたのでしょうか。

そうです。**「ママ」に見てもらいたくて、きょうだいゲンカをしていたのです。**

では、「なんのため（目的）」にママにケンカを見てもらいたいのでしょう。

それは、「ぼく（私）に構ってほしい」からです。

あなたはこれまで、子どもたちがケンカを始めたら慌てて止めに入ったり、審判役を買って出たり、どちらかのお子さんをかばったり、慰めたりしてはいませんか？

その行為が、子どもたちの目的＝「構ってほしい」を叶えてしまっているのです。

子どもたちはママが大好き。ママから注目されるのはもっと大好きです。

ケンカをすると、いつもよりママが優しくしてくれるので嬉しいのです。

「ケンカをしたら、大声で泣いてママのところへ行けばママが優しくしてくれる」

そう学んだ子どもは、きょうだいゲンカをやめません。

もう一つ、人には「注目された行動の頻度が増える」という習性があります。

ママとしては、どうしても子どもたちのきょうだいゲンカに注目してしまうと思います。もちろんケンカをやめさせたいからですが、皮肉なことにその行動は、子どもたちのケンカを増やすことにつながってしまうのです。

ケンカが始まったらママは部屋から退散しよう

では対策です。きょうだいゲンカが起こったとき、ママがとるべき行動は……。

①ママはケンカに注目しない。
②子どもたちの相手役にならない。

子どもたちがケンカを始めたら、ママはケンカに注目しません。ケンカを見てイライラした表情を浮かべたら、ケンカに注目したことになります。ニコニコとゴキゲンなふりをして明るく部屋から退散しましょう。声もかけなくてＯＫです。

子どもたちは、ママというケンカを見せる相手がいなくなってしまうので、ケンカをする必要がなくなります。ひょっとしたらママにケンカを見せようと、ママの後をついてくるかもしれません。

この方法を幼稚園児ママ対象の勉強会でお話ししたところ、後日「やってみました！」と連絡をくださったママがいらっしゃいました。

そのママの話によると、ある日いつものようにケンカが始まったので、早速、ニコニコと歌いながらゆっくりと部屋を出て行ったそうです。すると子どもたちがケンカしながらママの後をついてきたとか！

まるで童話「ハーメルンの笛吹き」のように、子どもたちがどこまでもついてくるのがあまりにもおかしくて、ママはとうとう大笑い。子どもたちもいつの間にかつられて大笑い。ケンカは自然に収まったそうです。

コミュニケーションを学ぶ過程にある子どもにとって、ケンカは避けて通れないもの。だとしたら、ケンカをやめさせる方法を考えるのではなく、「目的」と「相手役」がわかった以上、あとは注目しない。これが一番です。

「子どもたちは口出ししなくても自分の力で解決できる！」

そう信じて見守りましょう。

2 子どもがダラダラしても イライラしなくなる考え方

「もう学校に行く時間よ～。準備はできた？」

朝の慌ただしい時間。ママはキッチンで食器を洗いながら、子どもに声をかけます。

「バッチリできてるよ～」

子どもから頼もしい返事が返ってきました。ママはホッとして洗いものを続けます。

一仕事終えてリビングを覗くと……まだ子どもがそこにいる！

「ちょっと！　家を出る時間はとっくに過ぎてるのよ？　早く行きなさい！」

「大丈夫だよ。今なら走れば間に合うから」

余裕の表情で、登校の準備を始めますが……。

「あれ？　筆箱がない！　ママ知らない？　あ、そう言えば、今日は図工で野菜の絵を描くんだった！　ママー、なんでもいいから野菜ちょうだい！」

「急に野菜って言われても……使いかけのキャベツくらいしかないわよ〜！」

「え〜、そんなの重くて持っていけないよ！」

「そんなこと言われても、自分のせいでしょ！　なんで前の日に準備しないの！」

「だって、今思い出したんだもん！　あーもう遅刻する！　ママのせいだからね！」

「なんでママのせいになるのよ！　ちょっと、待ちなさい！」

毎日、朝からこんなやりとり。子どもにいくら言っても早めに準備する習慣が身につかなくて、イライラ……。

起きている問題は、「子どもの課題」か「親の課題」かを区別する

ほかにも、ご飯を食べるのが遅い、公園に行くとなかなか帰らない、など「時間がないのに子どもがゆっくりしていて、ママがイライラしてしまう」といった状況は起こりがちです。そして皮肉なことに、当の子どもはイライラしていないのです。

こういう事態に対し、役に立つのが「課題の分離」という考え方です。

これはアドラー自身の理論ではありませんが、勇気づけの子育てに取り入れるとより効果的なため、「愛と勇気づけの親子関係セミナー（ＳＭＩＬＥ）」でお伝えしています。

「課題の分離」とは、子どもを取り巻く様々な問題（課題）が起こったとき、その問題は誰が解決しなければならない問題か、つまり「誰の課題なのか」（＝「親の課題」か「子どもの課題」か）を分けて考えることです。

問題が「子どもの課題」だった場合、親は子どもにあれこれ口出ししたり、代わって解決しようとする必要はありません。ただ、子どもが自分の力で問題を解決できるように、親は子どもを勇気づけます。

朝の登校前に準備を済ませ、時間に間に合うように家を出発する必要があるのは、「子ども」です。つまりこれは「子どもの課題」です。ですから問題に取り組むべきは、子ども本人です。

ですが、子どもはこの状況を「問題」だと思っていません。走れば学校に間に合うし、時間割は出発直前に揃えてもなんとかなる、子どもが「いろいろ失敗もあるけど、なんとかやれているからこれで○Ｋ」と思っているうちは、この行動パターンをやめようとは思いません。

「問題」とは思っていないのですから、子ども本人はイライラしないわけです。

一方、ママは子どもに学校に間に合うように家を出発してほしいし、前もって準備が必要なものもあるので、前日に持っていくものを揃えてほしいと思っています。

だから今のパターンを変えるように、早く行動するよう急かしたり、出発の時間に声をかけたり、干渉してしまいます。

しかし、いくら口出ししても、子どもはママの思う通りに行動しないので、ママは「怒り」という感情を使って子どもを操作しようとしていたのです。

つまり「イライラ」は、子どもを動かすためにママが生み出した感情です。「イライラ」はママが生み出したママの感情ですから、鎮める努力をするのも「ママの課題」です。

「イライラ」に隠れた自分の本当の感情を「私」メッセージで伝える

子どもが自分の思うようにならなくて、「イライラしてしまう」。それは「親の課題」です。

問題解決を「ママの思い描く答え」に固執していると、ママのイライラは解決できません。

子どもの行動に干渉するのをやめて、「イライラ」に隠れた自分の本当の感情（一次感情）がどんな気持ちなのか、自分の胸に聞いてみましょう。

「心配」「期待している」「焦っている」「子どもを監視したい」……。

ママの心にある本当の気持ちがわかったら、怒りの感情を使わないでママの気持ちを「私」メッセージで子どもに伝えましょう。たとえばこんなふうにです。

「あなたがギリギリの時間に家を出発するから、ママは心配なの」

「もう少し早く出発してほしいと思っているんだ」

「必要な持ちものを当日の朝言われると、ママは焦っちゃうの」

「あなたの問題なのに、ママちょっと口出ししすぎちゃったね。ごめんなさい」

こういう言い方をするほうが、子どもも耳を傾けてくれそうではありませんか？

イライラをそのまま子どもにぶつけると、イライラで返されます。

これからはイライラしていたとき、何にイライラしていたのか、その奥に隠れた本当の気持ちを探ってみましょう。見つかったら、その気持ちを子どもに穏やかに伝えてみましょう。

子どもに「自分の課題」だとわからせて向き合わせるには

子どもの行動が、学校や幼稚園など集団生活に支障が出るほど「遅い」場合は、後々のために、社会で適応する程度の力が身につくよう、親として手助けをしてあげたほうがいいでしょう。

まずは、子ども自身に今のスピードで行動し続けていると自分が困る、ということを味わってもらう必要があります。

そのためにはどうすればいいでしょうか。

誤解される言い方かもしれませんが、答えは「親が何もしない」ことです。

子どもはママが手助けしなければ遅刻をしているはずです。ところが、遅刻しないよう間に合う時間に声をかけるなどして、ママが遅刻を防いでしまっています。

ママがこの手助けをし続けると、子どもは「（ママが声をかけてから出発すれば）学校に間に合う＝今の行動を続けていても問題ない」と考えるようになります。

冒頭の親子のやりとりでも、子どもはことあるごとに「ママ」を頼り、失敗したときは「ママのせい」にしていますね。

親が子どもに代わって問題を解決しなければ、おそらく子どもは忘れものをしたり、遅刻をするでしょう。それを自分の身をもって体験して初めて「このままではいけない」と気づくのです。

子どもが自ら気づいて、「行動を変えたい」と思ったら、ようやく子どもは「自分の課題」と向き合います。

そうなってから初めて、親は子どもが自分で解決できるように支援しましょう。

子どもから協力を持ちかけられても、すぐに手を貸したり、アドバイスしません。子どもが自分で解決策を考えられるように、ママは聴き上手に徹してください。

もし子どもが決めた方法が、ママから見て結果が想像できるような方法だとしても、まずは「子どもが自分で解決方法を見つけた」ことに対して勇気づけましょう。

ママにはもっといい解決方法がわかっていても、言わないであげてください。失敗も自分で決断して行動した結果として、子ども自身に味わってもらえばいいのです。

大丈夫。「うちの子は自分で困難を乗り越える力を持っている！」と信頼して、子どもを見守りましょう。

子どもの成長はゆっくりで寄り道もいっぱい。見ているとイライラすることも。

でも、そのイライラは「ママの課題」なんです。

「私はイライラしないママになれる！」と自分に勇気づけして、一歩ずつ、焦らずにやっていきましょう。

3 「リフレーミング」で見方を変えれば欠点も長所になる

子どもが自分の思うようにならなくてイライラしてしまうのは、「親（自分）の課題」。

子ども本人が「このままでは困る」という気持ちにならないと、子どもの問題点は解決できません。

そうは言っても、あまりにもイライラ、ハラハラすることが多いと、ママの心がもちませんよね。

そこで、爆発する前に試してみてもらいたいのが、「リフレーミング」という方法です。

「フレーム」とは「枠組み」のこと。ある枠組みで捉えている物事を、別の枠組みで捉え直す、つまり視点（見方）を変えることです。

リフレーミングして別の視点から見ることによって、マイナスに思われる要素もプラスに発想転換できるのです。

リフレーミングで、「そのままの自分」をプラスに受け止める

たとえば、我が家の長男。第1章でも触れたように、長男は度を超えてルーズな性格で、忘れもの大王です。学校にはほぼ毎日、何かしら忘れものをして行きます。上履き、体操服、教科書などを持って行くのを忘れるのはもちろん、学校で渡されたものを持ち帰らないこともしょっちゅう。小学生のときにはなんと、ランドセルごと学校に置き忘れて帰ってきたこともあります。

私から見るととても深刻な問題なのですが、それを聞いた夫は「大物の証拠だよ。将来が楽しみだな～」と大笑い。受け止め方がまったく違うことに当時は驚いたものでした。

これは、夫と私の視点の違いですが、自分一人でも意識的に視点を変えてみれば、同じ事象でも違う面が見えてきます。

息子の「友達と遊ぼうとしない」性格は、「一人の時間を大切にできる子」に。「すぐにメソメソ泣く」ところは、「感受性が強く、悲しみを素直に出せる子」に。

リフレーミングのいいところは、マイナス部分を否定して無理やりポジティブを装うのではなくて、「視点（見方）」を変えるだけという点です。

一人が好きでＯＫ！　メソメソしていてＯＫ！　なのです。

リフレーミングを知ってから、もしかしたらこれまで心配していたことは全部、私がマイナスの視点から見ていたからそう思えただけであって、「リフレーミング」で視点をプラスに変えれば、心配する必要はないのかも！　と思えてきました。

さらに、しばらくして、自分のこの心配症な気質を「私たちファミリーにとって、私が危機回避役を務めているのかも！」と自分でリフレーミングできたときは、「そのままの自分」をプラスに受け止めることができた！　と嬉しくなりました。

「悲観主義は気分のものであり、楽観主義は意志のものである」とはフランスの哲学者・アランの言葉です。不安が強まれば人は自然と気分的に悲観的になったり、ネガティブなものの見方になります。けれども、最終的には自分の意志で物事を楽観的に受け止めることができるのです。

4「好き嫌いが多い」ことをプラスに捉えると？

あなたのお子さんは好き嫌いが多いでしょうか？　多い？　それはある意味いいことです。皮肉などではありません。アドラー流の子育てでは、子どもが自分の意見を主張できていることに注目します。

「偏食をしている」ことに注目すると、好き嫌いが多いのは不適切な行動と考えられます。しかし、子どもの行動にある「できていること」「プラスの部分」に注目するなら、好き嫌いが多いのは、子どもが食べものの好みを主張できている、と言えます。

子どもが本当は食べたくない、と思っているのに親に本当の気持ちを言えないような抑圧的な親子関係ではなく、子どもが親に自分の意見を言えているわけですから、対等な親子関係ができていると捉えることができます。ですから、「好き嫌いが多いのはいいこと」と言えるのです。

勇気が満たされていないうちに無理に課題に向き合わせるのは逆効果

ところで、お子さんに嫌いなものや苦手なことがあったとき、それを克服したほうが子どもにとってよいことであると考えますか？

もし苦手なもの・嫌いなことがあるなら、それを克服するかどうかは「子どもの課題」です。お子さんが「好き嫌いをなくしたい」と言ってきたら、ママは子どもが克服できるように協力してあげましょう。

しかし、子どもが望んでいないのに、親や周囲の人が無理やり克服させようとするのはかえって逆効果になります。

子どもの頃、給食や家庭の食卓で、「全部食べ終わるまで食事を終えてはいけません」と長時間残された経験はありませんか？

おそらくそのときは、早く自由になりたくて我慢して残さず食べたことでしょう。

ですが、強制的にやらされた経験は苦痛を伴う苦い思い出になり、子どもに困難を克服する自信がつくどころか、困難に向き合う勇気をくじくことになります。

ただし、「向き合うべき課題を避けてもいい」と言っているのではありません。

そもそも、「勇気づけ」とは、「子どもに困難を乗り越える力を与えること」です。子どもが新しいことや難しいことにチャレンジするとき、子どもの力を信じ、見守ることで伸びていきます。子どもの心が勇気で満たされたとき、子どもは自分から苦手なこと、嫌いなことに向き合えるようになります。

しかし、勇気が満たされていないうちに無理に課題に向き合わせようとすると、子どもは自信を失い勇気をくじかれます。その点に注意していただきたいのです。

「嫌い」と言ったら「好きなもの」を尋ねるチャンス

自分の「嫌い」なものがわかっているということは、「好き」なものが聞き出せるチャンスが隠れている、ということにもなります。

子どもが「これ嫌い」と言ったら、「じゃあ、あなたの好きなこと、得意なこと、

ワクワクするのはどんなこと？」と逆に聞くチャンスと捉えましょう。

遊ぶこと、本を読むこと、虫捕り、おしゃべり、おやつを食べること、アイドル、野球観戦、ゴロゴロすること、ぼーっとすること……好きなことを語る子どもの目はキラキラと輝き始めます。

ママは、子どもが得意なこと、好きなこと、ワクワクすることを、今よりももっと好きになれるように応援しましょう。「好きこそものの上手なれ」です。

「自分にはこれがある！」「大好きなこと」「毎日ワクワクする時間」を持っている子どもは、自分に自信がついてきます。自分を好きだと思えるようになります。そして初めて、「自分には困難を乗り越える力がある」と、心から自分を信じる力が湧いてくるのです。

子どもの心が勇気満タンになれば、困難を乗り越える勇気が湧いてくるのです。

5「今やろうと思ったのに」と言われない言葉がけのタイミング

この節では、子どもへの「言葉がけ」のタイミングを考えてみましょう。

リビングでゴロゴロしてなかなか宿題に取りかかろうとしない子ども。しばらく様子を見ていたものの、いつまでも始めない姿にしびれを切らして、「そろそろ宿題やったら?」と思わず声をかけてしまうママ。

子どもはうんざりした顔で「ちょうど今、やろうと思っていたのに。言われたからやる気がなくなったよ」。そう言ってまた、ゴロゴロタイム続行。

「子育てあるある」のひとコマですね。

ママからすれば、子どもに口出ししたことを、ゴロゴロし続けて宿題をしないための「言い訳」に利用されたようにも感じられます。けれども、果たしてそうなのでしょうか。

タイミングの合わない言葉がけは勇気をくじく

では、自分に置き換えて考えてみましょう。読みながら、どんな気持ちになるか想像してみてください。

昨晩は赤ちゃんの夜泣きがひどくてなかなか寝られなかったあなた。寝不足で体も重く、朝食作りも億劫です。何とか作って食べ終わった食器をシンクまで下げたものの、一息ついてから洗いたい。そう思ってリビングのソファに腰を下ろします。

10分ほど休憩した後、そろそろ食器を洗おうかな、と思っていた矢先、夫が不機嫌そうに、「ねえ、いつ食器洗うの？　そろそろ洗ったら？」そう言って会社へ出勤して行きました。

さて、あなたはどんな気持ちになったでしょう。

「私はほとんど寝てないのよ！　それでもやらなきゃと思って立ち上がったのに！」

カチンときて、やる気が削がれたと感じる人が多いのではないでしょうか。

子どもは宿題を、ママは食器洗いを、「やらなければならない」ことはわかっています。なのに、タイミングの合わない、かつ無理やり行動を始めさせようとする言葉がけにより、本人のやる気、勇気がくじかれたのです。

その子のタイミングで行動を始めたときが言葉がけのチャンス

思い出されるのが、イソップ童話の『北風と太陽』のお話です。有名なお話ですからご存じでしょう。

北風と太陽が、どちらが道行く旅人の上着を脱がせられるか勝負をします。北風は、旅人の上着を吹き飛ばそうと力いっぱい風を吹かせますが、旅人は寒さにますます上着を脱ごうとしません。一方、太陽は旅人に暖かな日差しを注ぎます。その結果、旅人は暑くなって自ら上着を脱いだ、という話です。

この北風の行動は、前述した言葉がけと印象が重なります。

周りの人がいくら力づくで行動させようとしても、本人のやる気は高まりません。むしろ頑なに拒否されます。

ですから、**太陽のように温かく見守りながら、ひたすら「いつか自分で決めて行動**

するのだ」と子どもを信じて待ちましょう。

待っていると、いつかその子のタイミングで行動を始めます。

そのときこそ「宿題頑張ってるね」と、ねぎらいや感謝の気持ちを伝えるチャンスです。

あなたが食器を洗おうと思っていてもすぐには動けなかったように、子どももやることがあるのはわかっているのです。タイミングが来れば行動するのです。

大切なポイントは、そのタイミングは「人から」やらされて決めているのではなく、「自分で」決めているということです。

いずれやるとわかっているなら、ママはわざわざ北風になって無理やりやらせようとするのではなく、太陽のようにやる気が出る日差しのシャワーを注いで見守って待てばいい、ということ。実感いただけたでしょうか。

6 消極的な子を積極的にする、非積極的なママのすすめ

子どもと一緒に出かけると、クイズラリーや、体験ワークショップなど子どもが参加できるイベントがあちこちで行われているのを見かけます。

「子どもにはいろんな体験をさせたい」

自分の子ども時代の記憶が蘇るママ。自分の目で見て、聴いて、触れて。**体験を通じて味わった感動はいくつになっても色あせません。**深く心に残っています。

この素晴らしさをぜひ我が子にも味あわせたい。

普段なかなか連れて行ってあげられないからと、休日に出かけたときは、ここぞとばかりにアツく大人が誘ってしまうのですが、誘えば誘うほど対照的に「いい。やりたくない」と子どもが嫌がることが多くはありませんか？

「なんで目の前にこんなにワクワクすることが待っているのに、子どもはやりたがら

ないのかしら」。ママとしては不思議ですよね。

大人が用意する〝体験〟は、ネタバレしているビックリ箱

きっと子どもにとっては、「これすごくビックリするよ、開けてみて！」と言われて「ビックリ箱」を渡されるような気分なのだと思います。

本来、中身がわからないから「ビックリ箱」なのです。タネあかしがわかっている箱を渡され、開けたときのリアクションを期待する視線の中で、どうして開けたい気持ちになれるでしょうか。

「もっとうちの子に積極的になってもらいたい」

この期待を込めたママの気持ちを敏感に感じ取って、子どもは「タネあかし」された気分になるのです。

「私が見つけた！」「ボクだけが知ってる！」自分が発見したワクワク・ドキドキ感を味わえたとき、子どもの好奇心はグングン育ちます。

子どもに今よりももっと積極的になってほしいと思ったら、ママはどうかネタバレ

のビックリ箱を用意しないであげてください。

あくまでクールに。涼しい顔で子どもが自分で動くのを待ちましょう。すべり台でもブランコでも「ほら、やってみたら？」なんて背中を押されると、たちまち子どもは「ママの期待トラップ」を察知して警戒モードに入ります。

子どもはママよりもこの世界を生きている時間が短いですから、日常生活の中だけでも新鮮に映ることがたくさんあるのです。

スーパーの陳列品、洗面所の鏡、エスカレーター、風にそよぐカーテン……大人から見たらなんでもないことが、彼らにとってすべて「ビックリ箱」なのです。

子どもが「こんな大発見をしたよ！」と目をキラキラさせてママに報告に来てくれるのを待ちましょう。

報告に来てくれたとき、ここでこそ「共感」です。子どもの目で見て、子どもの耳で聴いて、子どもの心で感じる。子どもが笑っていたら一緒に笑い、驚いていたら、共に驚き、不思議がっていたら一緒に「なんでだろうね？」と考えてあげましょう。

ママのそんな姿を見たら、子どもは満足気な表情を浮かべて、「次もママをびっくりさせよう！」と喜んで新しい世界に飛び出して行くでしょう。

7 公共の場で騒ぐ子どもをどうすれば？ 〜アドラー流の「しつけ」とは

「勇気づけで毎日子どもに話しているのですが、なかなか効果が現れません」

この「効果」とは何を指すのでしょうか。もし子どもを親の言う通りにさせることを指すのでしたら、残念ながらそのような効果は勇気づけにはありません。

アドラー流の子育てでは、親と子は対等な「横の関係」です。親も子どもも家族の仲間としてお互いに協力し合い、助け合います。子どもに聞き入れてもらいたいことがあれば、お願い口調で根気よく話し合い、子どもに理解してもらうように説明し、話し合います。親だからと言って、注意したり命令口調で指示しません。

横の関係で結ばれた親と子どもですから、たとえ親からの依頼であっても、子どもが引き受けたくないときは「Ｎｏ」と断られることがあります。そのとき親は、潔く自分の意見を引っ込めなければなりません。

こう書くと、「アドラーの子育てはしつけをしないのですか」という質問を時々いただきますが、「しつけ」という言葉ではなく、「共同体感覚を高める」という考えで、子どもを育てます。

「共同体感覚」を持てる子どもに育てる

私たちは生まれたときから社会の中にある様々な「共同体」に属しています。小さい単位では「家族」、少し広げていくと「町内」、学校に通うようになれば「クラスメイト」。もっと広い視野で考えると「日本人」、同じ地球に住む「地球人」……。

「共同体感覚」とは簡単に言うと、「つながりの感覚」です。

「共同体」の一員としての次の三つの感覚を「共同体感覚」と言います。この「共同体感覚」が持てるように働きかけるのが、アドラー流の子育てです。

・自分は共同体に居場所があると思える（所属感）。

・共同体の人たちは自分にとって大切な仲間だと思える（信頼感）。
・自分は共同体にとって役に立つ存在だと思える（貢献感）。

共同体感覚が満たされた人は、周りの人に対して協力的な姿勢を見せたり、自分が何をすればみんなの役に立てるだろうと考え、行動するようになります。

親は子どもに共同体感覚が身につくように、共同体の中でどのように振る舞えばいいのか共に考え、ときには根気よく教えます。

レストランで騒いだときの対処法

たとえば、ファミリーレストランで外食をするとしたら、どんな振る舞いをしたら自分も周りの人も楽しく食事ができるかを、お店に入る前に話し合います。

声のボリュームや食べ方、店内を走らない、早く食べ終わってしまったら静かに待つ、など子どもの年齢に合わせてわかりやすく話してみましょう。

横の関係で伝えるコツは「この子はきっと大切なことを理解し、できるようになる」と信頼することです。

親に信頼されていると感じた子どもは、誇りを持って積極的に店内でふさわしい振る舞いをしようとします。

「静かに食べてくれて嬉しいわ」「フォークの使い方が上手になったね」など、小さなことでもできていることを見つけて、積極的に勇気づけましょう。

子どもが店内で騒いだり、走り回ってしまったら、「それは約束したことかな」などと聞いて、子どもに考えてもらいます。

それでも改善が見られなかったら、親が叱ってやめさせるのではなく、その行動をとり続けるとどのような結果が待っているのかを、子どもに実際に味わってもらいます。

店内で騒ぎ続けるのは、他のお客様や従業員、一緒にいる家族、お店という共同体に迷惑が生じています。

「騒ぎながら外食をすることはできない」ということを身をもって体験してもらうために、親は食事の途中でも子どもを連れてお店の外に出ます。そして怒るのではなく「あなたが店内で騒ぐとみんなで楽しく食事が続けられなくて困っているの」と、子どもに行動の結末を味わってもらいます。

その上で、店内に戻りたいかどうか聞いてみてもいいでしょう。「戻りたい」と答えたら、もう一度店内での振る舞いについて確認をしてから戻ります。

「この子はきっとできるようになる」と子どもを信じて、待つこと。

一方的に親から子どもに教えるのではなく、どのような態度がこの場にふさわしいか、子どもが自分で考えられるように協力するのがアドラー流の子育てです。

8 すぐ手が出る子は「困った子」ではなく「困っている子」

「すぐに手が出てしまう」。この悩みに対しては、焦点を子ども本人／親／子ども同士のどこに当てるかで、お答えする内容が大きく変わってきます。

通常、他の悩みではママの気持ちが軽くなることを中心に考えてアドバイスをしていますが、この「手が出る子」の悩みについては、「子ども本人」に焦点を当ててお話しさせていただきます。

なぜならすぐに手を出してしまう子は「困った子」ではなく、「困っている子」だからです。 この視点をしっかりと理解してください。

不安でどうしたらいいかわからなくなっている子どもに、さらに厳しく注意をして、二重に傷つけてしまうのを防ぎたいのです。

これ以上どうしたらいいかわからなくなって手を出す

「すぐ手が出る子」は困っている子と言いましたが、厳密に言えば、その子が最初から困っているわけではありません。また、最初から手を出すわけではないので、「すぐ手が出る」というのも語弊があります。

そういう子は、これ以上どうしたらいいかわからなくなって、「最終手段で手を出している」のです。短絡的に瞬時に手を出したのではなく、最後まで試行錯誤した上での選択だということをわかってあげてください。

それでも「どんな理由があったとしても、手を出すのは悪いこと」と言う人もいるでしょう。もちろん、集団生活において他人を傷つける行為をやめさせたいと願う気持ちは同じです。

ただ、子どもが適切な方法を学ぶには、繰り返し教える根気と定着までの運用期間がどうしても必要です。なにより子どもへの共感なくして指導することは、子どもの反発心を大きくするだけです。抑えつけられた子どもは、今度は復讐心から手をあげることを学び、ますます手を出さないことを教えるのが難しくなります。

手を出したときの子どもの心は焦りと不安でいっぱい

「困っている」とはどういう状況なのかを、具体的に例を挙げて説明します。

公園の砂場で、4~5歳くらいのAちゃんが家から持ってきたスコップを使って遊んでいるとします。そこへ同い年くらいのBちゃんがやってきて、Aちゃんに「スコップ貸して！」と声をかけました。

Aちゃんもまだ使い始めたばかりで、今は貸したくありません。「ダメ！」と断りました。「貸して」と言ったら貸してもらえると思っていたBちゃんは、断られてちょっと困惑してしまいます。それでも貸してもらいたくて何度も「貸ーしーて！」と繰り返し粘ります。

ここで困ってしまったのはAちゃんです。ハッキリ断ったのに、Bちゃんに大きな声でしつこく「貸ーしーて！」と連呼されていたたまれない思いです。

大人であれば話し合いで解決もできますが、まだ幼い子同士ですから、「貸して」

「イヤ」の一点張り。

どうしたらよいのかわからないけど、これ以上は耐えられない。とにかくこの状況を終わりにしたくて、AちゃんはBちゃんを突き飛ばしました。

Aちゃんにしてみれば、貸したくないと断ったのにしつこく迫ってくるBちゃんは、自分を脅かし不安な気持ちにさせる存在です。あきらめてスコップを貸せばこの脅威はなくなりますが、それはイヤ。自分の思いを貫くには、目の前の不安（Bちゃん）を取り除くしかありません。

こうしてAちゃんは、Bちゃんを遠ざけるために突き飛ばしました。そのときのAちゃんの心の中は、焦りと不安でいっぱいだったことでしょう。

手を出す以外の方法を、子どもと一緒に考えよう

すぐ手が出るのは、その子が「困っている」から、という意味がおわかりいただけたでしょうか。

不安がピークになったり、イライラでパニックになったときに、その対象を遠ざける手段として手を出すことをやめられるように親は支援していきましょう。

幼い子どもの場合、手を出すことがその場の行動として不適切な行動と知らずにやっていることがあります。そのときは落ち着いた声で、「叩いてはダメ！」など短い言葉で伝えましょう。また、叩く前に手を持って、その場から連れ出すのも効果的です。

もう少し年齢が高い子どもの場合、手を出すことがよくないことだとわかっていても、他によい方法を知らず、わからないため手を出し続けている場合があります。

こういう場合は、ママは他の方法を子どもと一緒に考えたり、話し合ってみましょう。イライラしたときの解消法などは、子ども向けの本もいろいろ出ています。子どもから解消法を提案されたら、家でママを相手にやってみるのもいいですね。

深呼吸をする、その場から自分が離れる、目をつぶる、ジャンプする……。

手を出す行為は身体的な行動ですから、最初は気持ちを落ち着かせる方法よりも、ジャンプや、こぶしをギュッとにぎるなど、他の動作に置き換えるやり方のほうが子どもも取り入れやすいと思います。

手を出したことをただ叱るのは、その子を二重に傷つける

もう一つ、「手を出す子」に関して心に留めておいていただきたいことがあります。手を出したことに対して問答無用で叱るのは、その子を二重に傷つけることになってしまいます。

この例で言えば、Aちゃんのママはおそらく「人を突き飛ばしたりしたらダメでしょ！」とAちゃんを叱責して、Aちゃんに謝らせようとするでしょう。スコップを取り上げて、勝手にBちゃんに貸してあげることまでするかもしれません。

このママの行動には、焦りや不安でいっぱいになっているAちゃんの気持ちへの共感が欠けています。

手を出すこと＝悪いことだから叱責する、というアプローチでは、子どもの反発心を大きくするだけです。

子ども同士お互いに対等な関係で遊んでいれば、お願いをして断られたりすることは、自然に起こります。

Aちゃんは「今は貸せない」と断ったのですから、Bちゃんには今はあきらめて待つことを学べるように教えてあげましょう。

「Aちゃん今は貸せないんだって。残念だね。遊びたかったね」

「あとで使い終わったら貸して、って言ってみたらどう?」

Aちゃんが十分遊び終わってから、Bちゃんがもう一度「貸して」と言えば、Aちゃんも快く貸すことができるでしょう。

そのときは、貸せたAちゃんだけに注目するのではなく、Bちゃんがそこまで我慢できたことも勇気づけてあげてください。

最後にもう一度お伝えしますが、子どもが適切な方法を学ぶまでには、繰り返し教える根気と、定着までの教育期間を必要とします。子どもに共感する気持ちを忘れず、「困った子」は「困っている子」を合言葉に、ゆっくり育つのを見守りましょう。

9 ほめたり叱ったりせずに、子どもがちゃんと育つか不安

このような相談をいただいたことがあります。

「アドラー心理学の本を読んで『勇気づけの子育て』を知りました。私も勇気づけで我が子を育てたいと思い、子どもに話しかけるとき、ほめたり叱ったりしないように気をつけています。ですが、一人でやっているとこれでいいのか自信がありません」

勇気づけの子育てをしていると、困難を自分で克服する力がぐんぐん育っていくので、子どもが自分で行動することが増えます。

すると、ほめたり叱ったりして育てていた頃よりも、ママの「出番」がぐんと少なくなります。

そのため最初は「これでいいのかな」と心配になるのでしょう。

勇気づけの子育てはゆっくり、じっくり

「勇気づけ」は、子どもの中のやる気を育てる「内発的動機づけ」です。一方、「ほめる」「叱る」は、子どもに賞罰を与えてやる気を起こさせようとする「外発的動機づけ」です。

ほめたり叱ったりの子育てはママが主導権を握っている状態。子どもにほめ言葉をかけると、目に見えてやる気がアップしたり、嬉しそうな顔になります。叱ると子どもは大人しくなったり、やめてほしい行動が止まったりするので、やはりママにとっては効果がわかりやすいのです。

しかし、実際は一時的な対処法なので、効果があるように見えても、子どもには必要な理解が定着していません。

一方、勇気づけの子育てはゆっくり、じっくり、子どもの心の中にある勇気の芽を育てます。**心の成長を見守るには、ほめたり叱ったりしていた頃よりも、じーっとただひたすら待ったり、口出ししない時間が増えます。**

一人、家の中で子育てをしていると、不安に駆られるのも当然でしょう。だから、時々同じ境遇にいる者同士で心配ごとをシェアし合う時間は大切です。講座でママ同士が楽しそうに情報交換しているのを見ると、つくづくそう思います。

子育ての失敗も引き受ける勇気を持とう

勇気づけの子育てを始めようと考えているママにもう一つアドバイスがあります。ほめたり、叱ったりしないように気をつけているママの気持ちに注目です。もしかして、ママの心の中に「子育てで失敗したくない」という気持ちが強くなっていることはありませんか。

勇気のある人とは、リスクを引き受ける能力を持てる人です。

子育てをしていると、ときに問題や困難に向き合い選択を迫られることがあります。勇気を持って前に進んだけれど、結果失敗に終わることもあります。けれども、失敗は成功のもと、あなたが勇気を持ってチャレンジしたことは、次への自信にもつながります。怖がらずにどんどんチャレンジしてみましょう！

勇気づけのスタイルは千差万別、十人十色。子どもとママの数だけ色とりどりの勇気づけがあります。試行錯誤して回数を重ねて、あなたらしさが光るオリジナルの勇気づけスタイルが完成されることを願っています。

第5章

子育てに迷ったとき、つらいときのヒント

1 子どもが生まれた日のことを思い出してみよう

アドラー心理学による感情のコントロール法や勇気づけの子育てを学び、実践していても、どうしても子どもの態度にイライラしてしまうときってありますよね。

そんなとき、スッとイライラを鎮めるとっておきの方法を紹介します。

赤ちゃんからこれまでのことを思い出して幸せを噛みしめよう

それは、子どもの生まれた日の光景や、赤ちゃんだったときを思い出してみること。

あの日、あなたのもとに生まれてきてくれた赤ちゃんは、まるで小さな天使のようではなかったですか？

可愛くて、何時間眺めていても飽きなくて。見つめているだけで自然と笑みがこぼれてしまったりしたでしょう。

そんな幸せな気分に浸らせてくれる赤ちゃん。その子が大きくなった姿が、目の前にいる我が子です。あの頃とは比べものにならないほど、立派に育ってくれました。

さあ、もう一度あなたのお子さんをよく見てください。

お子さんを見る目がさっきまでと変わっていませんか？　今の姿に、赤ちゃんだった頃の面影が重なって見えますね。

お子さんが生まれたとき、同時にあなたもママとしてデビューしました。

子育ては新しい発見の連続。今日まで授乳や沐浴、体調管理など、数え上げたらキリがないほど身の周りの世話を繰り返してきました。ときにはくじけそうになったこともありましたよね。

たくさんの悩みや苦労もあったと思います。そのすべてを乗り越えてきたから、あなたとお子さんに今日があるのです。

もしあなたが、子育てがつらい、子どもと向き合うのがつらいと感じたときは、お子さんの生まれたときを思い出してみてください。

心にふわっと幸せな気持ちがあふれてきて、口もとがほころんでくるでしょう。

2 今日、何回笑ったか思い出してみる

この節のタイトルを見て、素直に「何回かなぁ」と実際に数えた方はいますか？

あるいは、「そう言えば最近、心から笑っていないなぁ」なんて、自分の心の状態を改めて振り返った方もいらっしゃるかもしれません。

この節は、あなたに「自分に意識を向けること」を体験してもらいたくて書きました。

「今日何回笑ったか」と問いかけられると、答えるために笑った回数を覚えていようと、心の中で「笑うこと」に「意識を向ける」ようになります。

すると、あなたが一日を振り返ったとき、笑うことを意識していなかった頃よりも、「楽しかったな」と感じる日が多くなっていることに気づくでしょう。

おそらく、この質問を意識する前と後で、生活自体は変わっていないでしょう。で

すが、私たちが意識を向ける対象を変えることで、見える景色が以前とまったく違ってくるのです。

自分の意識が何に向いているか考えてみよう

毎日が楽しくない、つまらないことばかり起こる、と嘆く人は、自分の意識が何に向いているか考えてみてください。楽しくないことやつまらないことに向いていませんか。

「イライラしたくない」「子どもをガミガミ叱りたくない」と思っているのも、裏を返せば「イライラや叱ること」を強く意識しているから、「したくない」と思ってしまっているのです。

毎日の生活を笑って過ごす時間が増えると、家庭の雰囲気が明るくなります。多少の失敗も流せる勇気が持てます。

朝、目覚めたときに「さあ！　今日は何回笑って暮らせるかな」と考えるだけで、笑いにあふれた楽しい一日がスタートしているのです。

3 イライラしている自分にイライラしたら

イライラしている自分にイライラしてしまう。

これはしんどい。わかります。私もしょっちゅう自分にイライラしてしまうタイプですから。

「本当はもっと怒らないママになりたい」

「子どものスピードに気持ちにゆとりを持って合わせたい」

「子どもが泣いても、気持ちが切り替わるまで辛抱強く待ってあげたい」

「子育ても家事もちゃんとやり遂げたい」

イライラしてしまう感情の奥には、「なりたい理想の自分像」が見えます。

自分にイライラしてしまうのは、「今の自分」が「なりたい理想の自分像」から遠く離れていると感じているから。

そのギャップの大きさに、イライラが生まれているのです。

自分にイライラするのは自分にダメ出ししているから

注目してほしいのは、あなたには「なりたい理想の自分像」があるというポジティブな側面です。

今よりも向上したい！　とやる気があるのに、あなたは「まだできていない自分」に注目し、わざわざ「自分にダメ出し」をしています。

この心の状態は「自分自身が今の自分に納得していない」ので、周囲の人からいくら「そんなことないよ」「よくやっていると思うよ」と声をかけられても「いや、そんなことはない」と、評価をそのまま受け取ろうとしません。

自分にイライラしているとき、それは「自分に厳しくダメ出ししている」ときです。

ここで、思い出してください。「勇気づける人」になるには、まず自分を勇気の心で満タンにすることでしたね。

「あー。またイライラしちゃった……」と自分を責めそうになったら、「うんうん。

毎日頑張ってるけど、うまくいかない日もあるよね！」と頑張っている自分をねぎらいましょう。

イライラもあなたのエネルギーです。どうか「イライラしたくない！」と嫌ったりしないであげてください。**無理に感情にフタをしようとせず、「イライラしちゃうくらい、今の私は目標に向けて一生懸命なのね」と自分にヨイ出しをします。**

頑張りすぎ、我慢のしすぎもイライラのもと

もう一つ、自分にイライラしてしまうときがあります。

それは、あなたが「頑張りすぎていたり、我慢しすぎているとき」です。

自分の胸に手を当て、イライラしている気持ちを感じてみてください。感じた気持ちを言葉に置き変えてみましょう。

「こんなに頑張っているのに……」

「やらなきゃいけないからガマンしてやっているのに」

「怒らないようにしているのに」

「家族のためを思って言っているのに」

もしかして、言葉の最後に「のに」がくっついてきていませんか？　この言葉が出てきたときは要注意です。「のに」の後ろに続く言葉は不平・不満の気持ちです。


本当はやりたくないことを、義務感や不安感から引き受けたりしていませんか？

それは、どうしてもあなたがやらなければならないことですか？


もしそうではないと気づいたなら、自分の気持ちに正直になって、「やりたくない」と断る勇気を持ちましょう。

案外、代わりにやってくれる人が現れたり、思わぬ方法で解決したりするものです。なにより、あなたの心がすっきりと晴れわたり、爽快な気持ちで心から笑えるようになれるはずです。

自分に優しくできる勇気を持っている人は、周囲の人にも優しくできる人です。

「のに」が出てきたら自分に優しく。

やりたくないことを、自分にやらせないであげてくださいね。

4 自分の「よいところ」を知ると、自分にダメ出ししなくなる

「自分にダメ出し」しなくするにはどうすればよいでしょうか？

方法の一つとして、自分の「よいところ」を知ることが挙げられます。

あなたは、自分自身のよさはどんなところだと思いますか？

よさがわからなければ、自分をどのような人間だと思っているかでもよいです。

その中に肯定的な言葉はいくつあったでしょうか。自分の短所や気に入らないところばかりを挙げてはいませんか？

周囲の人から「あなたのよいところ」を教えてもらおう

自分のよさなんてわからない、という人も多いでしょう。

でも、ひょっとするとあなたが今まで〝知っている〟と思っていた「あなた」は、あなた自身のほんの一部分で、実際には自分では気づいていない「あなた」が埋もれているのかも知れません。

まだ知らないあなたの魅力は、あなたの周りの人から教えてもらいましょう。

方法はカンタンです。お子さん、夫、ママ友……。勇気を出して、あなたの周りの人に「私のいいところって、どんなところ？」と聞いてみましょう。

「え～！　そんな恥ずかしいこと、できない……」

「いいところなんてないって言われたらと思うと、怖くて聞けない」

そうかもしれません。けれど、逆の立場になって考えてみてください。あなたの大切な人が、真剣にこんな質問をしてきたら。真剣に答えたいと思いませんか？

信じてみましょう。あなたは周りの人にとっても「大切な人」です。勇気を出して聞いてみてください。きっと想像以上の嬉しい答えが返ってくるはずです。

「ママの優しいところが好き」

「笑顔が大好き」

「あなたは人を元気にしてくれるね」

こういう言葉は、普段心に思っていても、なかなか改めて言うことはありません。

言葉にすることは、こんなに幸せな気持ちにしてくれるのです。

あなたは「言葉で届けられる想い」が与える力強さを知りました。

プレゼントされた言葉は、照れたり、否定したりせずに「ありがとう！」と感謝してそのまま受け取りましょう。そして、あなたの「いいところ」のラインナップに加えてください。

あなたも知らなかった「自分のよさ」。

受け取る喜びを知ったあなたは、今度は周りの人に届けたくなったのではないでしょうか。

子どもにもいっぱいプレゼントしてみてください。

今日からあなたが発した言葉が、あなたの周囲の人を幸せにしますよ。

5 当たり前にできていることに感謝する

前節で自分のよさを再発見したところで、今度はあなたのお子さんの「いいところ」を考えてみませんか？

「うちの子の『いいところ』ってどんなところだろう」

そんな気持ちで改めて我が子を見てみると……「頑張り屋」「お手伝いをよくやってくれる」「スポーツが得意」「絵が上手」など、いろいろと出てくると思います。

それらを並べてよく考えてみてください。

「特に秀でているところ」や「格別に努力していること」など、付加価値がある「条件付き」に限定してはいないでしょうか？

先ほど挙げた「いいところ」は、「ほめる」対象になるようなところです。

第３章で、「ほめる」のは実は「叱る」のと同様、子どもを操作する行為であることをお話ししました。

勇気づけは、ほめることとは違います。行為の結果に注目するのではなく、努力やプロセスを重視し、すでにできていることに着目します。

当たり前にできていることは、実は「ありがたい」こと

私たちは毎日、朝起きてから寝るまで、数えきれないほど様々なことを行っています。時間通りに起きる、身支度する、食事、仕事、勉強……。

どれも欠かさずに行っているから、私たちは今日という一日をつつがなく過ごすことができています。どの行為も、あなたにとってかけがえがなく、決して「当たり前」ではない、「ありがたい」ことばかりです。ケガや病気をして、どれか一つでも思うようにできなくなると、自然にできていたことのありがたみがよくわかります。

子どももそう。赤ちゃんのときは自分では何もできませんでした。でも今は、一人で着替えもできます。ご飯も食べられます。

そう考えると、すべてが我が子の「いいところ」だと思われてこないでしょうか？

「今できていること」に感謝する

日々の努力はこのように見落とされがちです。また、身についてしまうと、いつの間にか「できて当たり前」になり、「さらに上へ」「もっとできるよ」と心の中でハードルが上がってしまいがちです。

達成していること、すでにできていることには目もくれず、さらに上を目指すと、「今のままではダメだ」という現状否定が含まれてしまいます。

これからは、今できていること、何気なくやり過ごしていることにどんどん注目して、声をかけたり、ねぎらったり、感謝したりしていきましょう。

朝、自分で起きられた子どもに「おはよう！　今日も元気に起きてきたね」。学校や園から帰ってきた子どもや、仕事から帰ってきた夫に「おかえり！　毎日お疲れさま」。

そして自分にも、「今日も一日、無事に過ごせたね。お疲れさま！」とエールを送りませんか？

6 どんなことでも、すべては必要で最善の出来事と考える

私の好きな考え方に、「どんなことでも、すべては必要で最善の出来事である」というものがあります。

一見、自分にとっては不幸に思われるような出来事も、すべては必要なことであり、かつ最善なことであると考えて受け入れるのです。

日頃、ママたちの悩みを聴いていると、現状を受け入れられない人が多いと感じます。「人生の選択を失敗した」と嘆き、「あのときもしも、もう一方の選択肢を選んでいたら、こんなふうにはならなかった」「こんな思いはしなくて済んだのに」と悔やんでいます。

そんなママたちに、ぜひこの「どんなことでも、すべては必要で最善の出来事である」という言葉を贈りたいと思います。

現状を受け入れることが問題解決の第一歩

私も、長男が健康に不安を持って生まれてきたときや、二人の息子が大きなケガをしたときなど、どうして私の子どもにばかり、と天を恨む気持ちになったことがありました。ですが、「すべてが必要・最善である」と捉えることで、子どもが健康でいることのありがたさを日頃から意識できるようになりました。

今、勇気づけの仕事をしていて、子育てに悩むママの気持ちがよく理解できるのは、自分のつらかった経験があるからだと思えるようにもなりました。

現状を受け入れられないうちは、ひたすらつらく苦しい日々が続きます。

現状を受け入れることが、あなたが直面している問題解決の第一歩なのです。

日常的なイライラ封じにも役立つ

そうは言っても、渦中にいるときは、なかなかこのような心の境地になれるものではありません。自分が苦しんだ経験からもわかります。

あくまでも自分の心の持ちようのヒントとして、捉えていただければと思います。

また、日常的なイライラ封じにも、この考え方は大いに役立ってくれます。

寝坊して電車に乗り遅れてしまったときにこの言葉を思い出せば、「きっと、次の電車で落ち着こうってことね」と気持ちを切り替えられます。

うっかりお金を落としてしまったときも「私についていた悪い運気もお金と共に祓うことができたはず」と受け止められます。

何でもすぐに切り替えられるわけではありませんが、不必要に落ち込む回数は確実に減りました。

子どもと出かけたときは、急に「トイレに行きたい」と言われて電車を途中下車することになったり、急いでいるのに「お腹が空いた」と言われておやつタイムにしたりと、予測不能の出来事の対応に追われがち。イライラにつながりやすい出来事が、しょっちゅう起こります。

そんなときも「すべては必要最善のことが起こっている」と考えてみてください。すんなり受け入れやすくなります。

7 勇気づけのコツは、「できていないこと」に注目しないこと

私のセミナーや講演会に参加してくれているママから、「勇気づけがなかなかうまくできない」という話をたびたび聞きます。

勇気づけに限らず、新しい行動を始めてすぐのときは、どうしても「うまくいかない」と感じることが多くなりがちです。自分の行動を見つめる際に、「できていないこと」に注目しがちなのです。

でも、よく思い出してください。勇気づけを知らなかった頃と比べたら、できていることや子どもと楽しく過ごせた時間が、きっといっぱい増えているはずです。

毎日の暮らしの中のたくさんのプラスの行動やささやかな変化を、自分の「目」で「見つける力」「気づける力」を育てることが、勇気づけには欠かせません。

「今日は子どもの話をゆっくり聴こうと頑張ったね！」

「イライラしたけど、叱らずに冷静に言葉で伝えられたじゃない！」

こんなふうに、どんどん自分に「ヨイ出し」しましょう！

自分への勇気づけが上達してくると、自然と他の人への勇気づけも増えてきます。

昨日より今日の成長を喜ぶ

もしもあなたが「うまくいかないな」と落ち込むことがあったら、できていること、前よりもよくなった状況などがないか思い出してみてください。

見つけたら、「大丈夫！　だんだんできるようになってる！」と自分を勇気づけ。まずはここからスタートです。

「あー、またダメだった……うまくいかないな」と、自分に悪魔のささやきをしていませんか？

「あの人に比べて自分は……」「もっと早くうまくなりたいな……」

他者と比べたり、遠すぎるゴールも勇気をくじきます。昨日より今日、過去の自分より今の自分の成長を、喜びましょう。

8 育児書ジプシーを卒業しよう

「子どもはほめて育てましょう」「頭のいい子に育てるには○○を」「3歳までのしつけで子育てが決まる！」などなど、書店の子育て本コーナーには思わず手に取りたくなるようなタイトルの本がいっぱい並んでいます。

私も初めての赤ちゃんを授かったとき、たくさんの育児情報誌や本を読みました。妊娠中の注意、乳児・新生児の世話……周りに先輩ママもおらず、何がわからないのかもわからない状態だったので、お世話の方法や予防接種の種類、乳児がかかる病気や薬のことなど、赤ちゃんが生まれるまでに、前もって知っておくことで、ずいぶんと不安が減ったことを覚えています。

最初のうち、本は、夜泣きやおむつかぶれなど、ちょっとした困りごとや疑問を解決してくれる強い味方でした。

育児書に支配され、自分にダメ出しの毎日

しかし、だんだん私は育児書との「適切な距離」がとれなくなってしまいました。育児書を頼もしく感じれば感じるほど、本に書いてある通りの育児じゃないと「ダメ」と思い込むようになっていったのです。

「ちゃんと育てる」ためには本の通りに育てないと。この子のためにも私が本を読んでしっかり子育て頑張らなくちゃ……。

育児書を「マニュアル」と勘違いしてしまったことに気がつかないまま、子育ては少しずつ苦しいものに変わっていきました。

「一日15分は日光浴をさせましょう」「好き嫌いなく何でも食べさせましょう」「毎日笑顔で話しかけてあげましょう」……育児書が次々と私に指示を出します。

どんなに睡眠不足でフラフラになっても、自分のことが後回しになっても、本に書いてある通りに子育てしなくては、と必死でした。まるで育児書に支配されているかのようでした。

しかし当然、本の通りになんてできっこないので、毎日が失敗ばかりで落第点。「どうしてこんなこともできないの！」と自分に「ダメ出し」をするようになります。そのうち、子育ての目的が「本の通りに実践できる優等生ママになりたい」に変わってしまい、よりよい（と思われる）方法を求めて、さらにたくさんの育児書に手を出してしまったのです。

もちろん、どれも中途半端な実践しかできず、自分に「ダメ出し」を続ける日々。結果としてますます子育てに自信が持てなくなってしまいました。

その頃の私は、ありもしない子育ての「オアシス」が育児本にあると信じてフラフラといろんな育児書を渡り歩く、まるで「ジプシー」のような状態でした。

新たな一歩を踏み出せば未来は変わる

勇気づけの子育てを知った今は、「オアシスは自分の心の中にあること」「子育ては、正しい／間違っているという尺度では計れないこと」「自分にダメ出しをしても改善はされないこと」がわかります。

今、この本を読んでいて「あれ？　私もジプシーになっているかも……」と思った人もいるでしょう。でも安心してください。今日から新たな一歩を踏み出すことで、未来は変わります。

まずは、これまでついついやってしまっていた習慣、「自分へのダメ出し」を手放してみませんか？

すでにお話ししたように、人は一日に約5万語近くの言葉を心の中でつぶやいています。このつぶやきの中に自分へのダメ出し、つまり「悪魔のささやき」が聞こえてきたら、思い出してください。そのつぶやきは、果たして事実でしょうか？　そうではありません。あなたが「勝手に」「自分で作り出している」「根拠のない」勇気くじきの言葉でしたよね。

あなたが「勝手に」「自分で」「根拠なく」自由につぶやけるのなら、逆に「天使のささやき」で自分を勇気づけましょう！

「また失敗しちゃった……」とつぶやいてしまったら、続けて「失敗してもまたトライしてるなんて、私ってば前向きだな～」というふうに。

ネガティブな自分を笑い飛ばしてしまいましょう。

9 親として「頑張りすぎない」ことも大切

育児書だけでなく、ママの情報ネットワークも育児には大いに参考になります。でも、情報に振り回されると「育児書ジプシー」同様、自分を見失う原因になります。

親として、子どもにはできる限りよい環境を与えたい、よい育て方をしたいと思うのは当然のことですが、責任やプレッシャーまで感じる必要はありません。

なぜなら、人は過去にどのようなことが起ころうとも、そのときそのときの自分の目的に合わせて、人生を選び取っていくものだからです。

自分がどう生きるか、決めるのは自分

アドラー心理学には、基本的な考えとして五つの理論があります。その一つが「自

己決定性」です。

簡単に言えば、「自分がどう生きるか、決めるのは自分」という考え方です。

人は生まれた環境や持って生まれた才能、過去の出来事などから様々な影響を受けますが、それをどう受け止めるかは自分自身であり、自分の人生をどのように描くかを決めるのは自分自身だということです。

たとえば、親がしつけに厳しく、干渉の多い家庭で育ったとします。ある人はそれがトラウマであるとして親の抑圧を責め続け、後ろ向きに生きることを選択するかもしれません。

でも、ある人は育った家庭を反面教師と捉え、まったく違った家庭像を持って結婚相手を選ぼうとするかもしれません。

過去の出来事（原因）によって、今の自分の生き方が決められるのではありません。あなたの子どもも、環境や身体能力、親の努力に関係なく、自分で自分の人生を選び取っていくのです。

よかれと思ってあれこれ用意してあげても、それを子どもがどう受け取るか、どのタイミングで受け取るか、すべては子どもが決めることです。

子どもは親とは別の人間、別の人生

この考えを知ったとき、私はとっても気持ちが軽くなりました。

「親だから、親として、ってそんなに頑張らなくてもいいんだ」

子どもは生まれたときから一人の人格を持った、親とは別の人間です。子どもが自分の足で進もうとしている人生の道。親がその道を作ったり、探したりする必要はありません。

人生の途中では、過ちを犯すこともあるかもしれません。そんなとき私たち親にできることはただ、「子どもを信じること」。子どもが、自分を幸せにする道を選ぶ勇気が持てるように信頼し、最後まで味方でい続けること。それだけでよいのだと思って、ホッとしました。

ママは頑張らなくても大丈夫。気楽にいきましょう。

10 理想が高すぎて自分を苦しめている人の共通点

理想が高いママのことを、私は密かに「チョモママ」と呼んでいます。「チョモ」とは世界で一番高い山・チョモランマのこと。それくらい理想が高いママ、という意味です。

前述しましたが、子育てや自分のあるべき姿、子どもに対して理想が高いと、できていないことに対して「ダメ出し」をしがちになります。つまり、「理想の子育て」「理想のママ像」「理想の子ども像」にしばられているチョモママは、結果として毎日「イライラ」「ガミガミ」してしまいがちになります。

このチョモママになりやすい要素が、「はじめに」に掲載したチェックリストです。もう一度、ここに掲載しますので、当てはまる項目があれば、チョモママ予備軍の可能性があるかも、とご自身を振り返ってみてください。

□どちらかと言うと真面目な性格だ。
□子どもが公共の場で騒ぐと焦ってしまう。
□子どもが忘れ物をしたときは届けてあげる。
□周囲の人に迷惑をかけないように気を配っている。
□子ども同士のケンカで、理由はどうあれ手を出すのは絶対にいけないと思う。
□夫が子育てに非協力的だ。
□子どもが大きくなったら、やりたいと思っていることがある。
□ママ友からの誘いは断りづらい。
□保護者会など、大勢のママの前でしゃべるのは緊張する。
□面倒見がいいほうだ。
□人から頼まれるのは平気だが、自分から人に頼みごとをするのは苦手。
□「ああなりたくない」と密かに思っているママ・子どもがいる。
□子どものしつけはきちんとしているほうだ。
□頑張っている自分は案外嫌いじゃない。

チェックリストの項目ですが、当てはまる人はどちらかと言うと「いい人」です。真面目で一生懸命で協調性もあります。「理想が高い人」には、主張が強くて、厳しく干渉してくるイメージがありますが、そうではありません。どちらかと言うと、言いたいことも言えなくて尻込みしているようなママたちです。

ただ、次の2点にチョモママになりやすい特徴があります。

物事をよいか悪いかで考える人はチョモママになりやすい

一つ目は「物の考え方・価値観」です。チョモママになりやすい人は、判断の尺度が「正しい／間違っている」または「よい／悪い」に二極化する傾向が見られます。

自分がいいと思うかどうかよりも、社会的に正しい判断をしているか、間違った意見を言っていないかなど、社会の枠組みから外れることを恐れます。

「一般的に」「普通」「常識として」といった口ぐせがある人は、判断基準が「善悪」「正誤」になりやすい傾向があると言えるでしょう。

きちんとしていたい、しっかりしていると思われたい人もここに含まれます。

二つ目は「抑圧がある」と感じやすい人です。周囲からどう思われているかが気になったり、夫や子どもに自分の人生を制限されている、と感じやすい人はイライラを抱えやすく、ふとしたことがきっかけでその怒りを子どもにぶつけてしまうことがあります。

アドラーは共同体に対して「建設的／非建設的」で考える

ではこのチョモママ予備軍の傾向を変えたい、と思ったときはどうすればいいのでしょうか。

ここで、アドラーの考え方が役に立ちます。

アドラーの考え方では、物事の判断は共同体に対して「建設的／非建設的」という基準で行います。

「建設的」とは、自分と周りの人にとって有益な行動かどうかで考えることです。

正しいか間違っているかで考えると、人それぞれの立場で正しさも変わりますし、何より間違っていると判断された人と敵対関係を生み出します。

ママが正義を振りかざして子どもを裁くと、子どもはいつもママから非難されているような気持ちになります。ママにとっても子どもにとってもプラスになる道はどれだろう、と仲間として共に考えるのがアドラーの考える親子関係です。

ママはいつも正しい立場で子どもを監視する必要はありません。ママも失敗したり、ダラダラしてもいいのです。子どもの手本役から降りれば、イライラ・ガミガミすることもグッと減ります。

あなたの現状は、自分で選択した結果

次に自分の置かれている状況を抑圧的と感じる方へのアドバイスです。

不満がある状況を、環境や周りの無理解のせいにしていると、自分の力では変えられないように感じますが、実はあなたは「現状を変えない」選択をしているのです。

アドラー心理学では、何か原因があって仕方なくそういう行動をしている、そういう状況になっている、とは考えません。いわゆる「原因論」を否定しています。

人の行動には、必ず目的があると考えるのです。

「〝現状を変えない〟選択をしている」とはそういうことです。

現状を打破すれば、今までの不満や抑圧された状況から離れることができますが、そのためには目の前に立ちはだかる困難に向き合わなければなりません。それならば抑圧されたままでいい、という選択をしているわけです。

理想の未来を自分の手でつかみに行くよりも、不満だらけの今の生活でも我慢できないことはない、と自分を納得させようとしているのです。

でももちろん、本当はいやなのです。

自分の中で「進もうとしている自分」と「とどまろうとしている自分」がせめぎ合っている状態＝「葛藤」を抱えています。だからつらいのです。

勇気とは「リスクを引き受ける能力」でもあります。

自分の人生を引き受ける勇気を持ってみませんか？

あなたの人生をどう生きていくかは、あなたが決めるのです。勇気を出してリスクを請け負いましょう。

ノーリスク・ハイリターンの人生はありません。

11 失敗談を披露して子どもと「横の関係」を築こう

家の中が笑いあふれる和やかな雰囲気であることも、親子関係の風通しがよくなるのでオススメします。手近なきっかけとして、私はぜひママの失敗談をお子さんに聞かせてあげてほしいな、と思います。

ママが子どものときにやってしまった、あんなことやこんなこと。大人になってからのピンチでも結構です。普段、親子の会話では、ついつい大人がお手本になるようなケースが多くて「上下関係」になりがちですが、**失敗談は教訓めいたお話にはならないので、子どもと「横の関係」を築きやすく、心の距離もグッと近くなります。**

私は子どもの頃、祖母が年に何回か泊りに来てくれるのがとっても楽しみでした。祖母は会話のセンスが抜群で、寝る前にいつも私の知らない母の子どもの頃の話や、実家での暮らしぶりなど臨場感たっぷりに楽しく話してくれました。

私の母は普段真面目で、家事もカンペキ。そつがない印象だったのですが、祖母の話に出てくる幼い母は、まるで別人。「学校に行きたくない」と駄々をこねたり、宿題をやりたくなくて押入れに隠れたり。

母は、祖母が私たち子どもに自分の子どもの頃の話をするのを嫌がっていましたが、私は祖母から母のそんな失敗談を聞けば聞くほど、母に親しみを感じ、ますます大好きになったものでした。

子どもたちにはこんな失敗が大ウケ

そしていつしか私も母になり、かつて私が祖母にしてもらったように、寝かしつけタイムに私の子どもの頃の話を息子たちに聞かせました。

子どもたちから何度もリクエストされたのは「ブランコ」の話でした。私は小学校1～2年生くらいの頃ブランコが大好きで、一人で大きく漕ぎながら、空を眺めたりその向こうの世界を想像したりするのが好きでした。が、ある日、「今なら飛べる！」と思い、ブランコを持つ手をパッと離しました。その瞬間、私は後ろに落ちて、戻ってきたブランコが頭に直撃、というダブルパンチをお見舞いされたのです。

その話をすると、息子たちは「ありえない！」と大笑い。「飛べると思ったなんて、おかしいんじゃないの」と、何度聞いても笑います。おかしいなぁ。私の話のポイントはそこじゃないんだけど。……ま、いっか。子どもたちが笑ってくれるなら。

また、学校の宿題を見ていて、簡単な漢字の書き順を間違えたときも子どもたちは大喜び。「ママ、この字はね、こうやって書くんだよ」と誇らしげに説明してくれました。いつもは教えてもらう立場の大人に、子どもの自分が先生になって教えられるのが嬉しそうでした。

ママの失敗談が子どもに勇気を与える

「子どもに失敗したところを見せたら、親としてバカにされるのではないか」と不安に思うママもいらっしゃるかもしれません。

けれども、考えてみてください。あなたがこれまで、仲のよい友人や、尊敬している人の失敗する姿を見て、失望したりバカにしたことはありましたか。

失敗をうやむやにごまかしたり、取り繕ったりする姿を見たら、がっかりすることもあるかもしれませんが、失敗そのもので相手に対してそのような気持ちになることはなかったことと思われます。

それよりも明るく失敗を受け止め、サラリと笑顔でかわす姿を見たら、きっとノーミスよりも相手をより深く知れた気がして、さらに親近感が増したのでは。

また、失敗談は、子どもが「失敗の受け止め方」の様々なケースを学ぶことができるよい材料です。

あなたのお子さんが失敗することを怖がったり、落ち込みやすいタイプでしたら、ママが失敗を明るく受け止めている姿を見せることで、楽観的に受け止める勇気をもらうことでしょう。また、ケンカをして仲違いをしてしまった話でしたら、謝る姿や仲直りをする方法を知ることもできます。

どうぞ怖がらずに、あなたの失敗談をお子さんに聞かせてあげてください。

失敗はあなたがかつて、うまくやろうと行動したチャレンジの証であり、その経験を糧にして今を生きている姿は、子どもに自分も失敗を恐れない勇気を与えることができるでしょう。

12「転ばぬ先の杖」を押しつけるのはやめよう

前節で「失敗談のすすめ」を書きましたが、失敗談を話すときに注意していただきたいことが一つあります。

その失敗をもとに導き出される「教訓」や「知識」を子どもに押しつけてはいけない、ということです。

なぜなら、先回りして「転ばぬ先の杖」を与えることは、子どもに失敗を恐れる気持ちを芽生えさせ、自分の行動の責任を負う勇気をくじくからです。

転ぶことで世界にたった一つの杖が手に入る

大人からすれば、子どもが失敗して痛い目に遭わないように、前もって教えてあげたくなるものですが、経験は何物にも代えがたい人生の智恵。自分で経験して痛い思いをしなければ得られないものがあります。

自分の気が済むまで、物事を味わい尽くして満たされることで経験が知識となり、ひいては社会のルールやマナーを身につけていくことにつながっていくのです。

もしも子どもの好奇心を上回るほどの圧力で親が行動を止めたら、どうなるでしょう？　子どもは失敗を恐れ、引っ込み思案な行動をとるようになったり、親の顔色を伺いながら行動するようになります。

あなたにとって苦い経験だったからと言って、子どもにとっても苦い経験になるとは限りません。前述した「自己決定性」の理論で言えば、あなたと子どもが同じ経験をしても、子どもはあなたとは違った受け止め方をするかもしれないのです。

あなたの経験は、あなたしか持っていない世界にたった一つの「転んで手に入れた杖」です。こんな頼もしい人生の道具はありません。

子どもも今、一生懸命自分だけの「転んで手に入れた杖」を作っているところです。心配して先回りするのではなく、杖作りの先輩として、仲間として応援してあげたいものです。

13 命令はやめて、「お願い口調」で「横の関係」を築く

対等な「横の関係」を築くには、どんな言い方で話すかも大切です。

子どもをたしなめるとき、何かしてほしいときなどに、つい「命令口調」で話してはいないでしょうか？

それでは言ったほうも言われるほうも、わだかまりが残りがちです。

「命令口調」と「お願い口調」では反応が違う

「命令口調」とは言葉通り、「～しろ」「～しなさい」といった命令の言い方。「～してくれるよね？」「～してちょうだいね」なども、語尾を柔らかくしただけで、相手にＮｏを言わせない言い方です。

命令口調は高圧的で、言う側と言われる側に上下関係があるような印象を与えます。言われた人は、一方的にやらされた気持ちになります。「Ｙｅｓ」と答えるつもりでいても、命令口調で言われると「何を！」とつい反発したくなる気持ち、ママも感じたことはありませんか？

ご主人に「明日○○買っといて」「これ、片づけといて」と言われたら、思わずムッとしてしまいますよね。

人に行動を促すときの言い方にはもう一つ、「お願い口調」があります。「～をお願いできる?」「～してもらえる?」といった言い方です。

相手の都合や希望を尊重しつつ、こちらの希望を伝えるため、お互いに対等の関係が保たれた、風通しのいい言い方です。相手の都合が悪ければ断わられることもありますし、期限ややり方などの希望があれば耳を貸す、ということです。

「明日○○買っといて」ではなく、「明日、もし時間があったら○○を買ってきてもらえるかな?」と言われたら、笑顔で「ＯＫ」と答えられるのではないでしょうか。

人は優しくされると相手にも返したくなります。たとえ親子でも「お願い口調」にすることで、互いに尊重し合える「横の関係」を築きましょう。

14 勇気づけには言葉以外の方法もある

子どもを勇気づけよう！　といざ張り切ってみたものの、子どもにどんな言葉をかけたらいいのか、勇気づけを意識するあまりわからなくなってしまった、という声をよく聞きます。

そうなんです。私も勇気づけを始めたばかりの頃、同じ悩みにぶつかった経験があるので、とてもよくわかります。

「勇気づける」と言えば、落ち込んだり元気がない人に励ましの言葉をかけることだと思っている人がほとんど。ですから「誰かを勇気づけたい」と思ったらまず、「どんな言葉をかけようかな」と、考えが「言葉」に集中するのは、ごく自然なことだと思います。

しかし、コミュニケーションは言葉で行うだけではありません。私たちは昔から↗

ンバーバル（非言語）コミュニケーションも積極的に使っています。表情、声のトーン、視線、身振り手振り、姿勢や態度。私たちは五感をフルに活用して、言葉以外から伝わる情報を発信したり受け取ったりしています。

非言語コミュニケーションが正確に伝えてくれるのは「気持ち」です。言葉ではいくらでも繕うことができますが、態度は隠し切れない、といった経験はありませんか。わかりやすい例では、子どもが親に隠しごとがあるとき、視線が合わなかったり多弁になったりしますよね。あ、もしかして、ダンナさんのほうがわかりやすい、というママもいるかもしれませんね（笑）。

10の言葉より1回のハグが気持ちを伝える

勇気づけも、この非言語コミュニケーションを使って子どもに届けましょう。「勇気づけは態度から始まる」と第3章でお伝えしたように、共感・尊敬・信頼の態度でいることができれば、勇気づけは成功したも同然です。

「どんな言葉をかけよう」と難しく考えるよりも、「あなたのことを大切に思ってい

るよ」「大好き」「いつも見守っているよ」「ママはあなたの味方だよ」という気持ちを込めて、にっこり笑顔で子どもを見つめるだけでいいのです。

他にも「おはよう」「おやすみ」「いってらっしゃい」など、毎日交わすあいさつを気分よく元気に明るい声で届けるのもいいですね。

まだ小さいお子さんなら、言葉よりスキンシップのほうが、いっそう勇気づけが伝わります。

言葉をあれこれ並べ立てるより、体全体を使ってのコミュニケーション。ハグをしたり肩を抱いたり。くすぐり合うのも楽しい時間になるでしょう。大切な話をするときも、向かい合って座るより、ママの膝の上に乗せて話したほうが穏やかに伝わります。

言葉を超えた勇気づけはもう始まっている

いつも、じゃなくていいのです。絶対に、と肩ひじを張らなくてもいいのです。一日のどこかでこの非言語コミュニケーションのスイッチをオンにして、子どもに五感を通した勇気づけをしてみてください。

とっさの一言が返せないと悩んだり、感動的な一言が浮かばないと自信をなくす必要はありません。あなたが「子どもを勇気づけたい」と思ったときから、言葉を超えた勇気づけがもう相手に届いているのです。

毎日少しの時間で伝わる勇気づけ。ここまで読んで「それならもうやっているわ」と思われた人もいらっしゃるでしょう。

そうです。もうすでに「勇気づけ」と知らずにやっているのです。頭で難しく考えないで、気軽に続けてみてください。

15 手のひらでできる「愛情表現」

前節では、非言語コミュニケーションで伝えられる勇気づけについて書きましたが、思春期や反抗期のお子さんに同じことをやろうとしても無理があります。いつまでも子ども扱いしてベタベタしようものなら、かえって疎まれて関係が悪化しかねません。

反対に、ママがスキンシップをとるのに抵抗がある場合もありますよね。

大っぴらにスキンシップをとれない距離の相手や、職場や学校の先生など新たに関係を築く相手には、どのようなコミュニケーションをとればよいでしょうか。

握手には、人と人を仲よくする力がある

長男が幼稚園に通っていたある年の春のことです。

新しい学年、新しいクラスメイト、担任の先生も替わって、長男も私も新しい環境が始まった緊張感の中、幼稚園に登園しました。

担任の先生は、新卒の可愛らしい落ち着いた雰囲気の女性でした。入口で私たち親子を見つけると、先生は駆け寄ってきて長男の前にしゃがみ、「新しく○○組の担任になった○○先生です。どうぞよろしくね！」と笑顔で右手を前に差し出しました。長男がそおっと自分の右手を出すと、先生はその手を両手で包みながら「はい握手。よろしくね」と握手を交わしました。

先生は立ち上がると、今度は私のほうを向き「担任の○○です。私は一年の最初にお母さんと握手させてもらっているのですが、野口さんとも握手させていただけますか？」と言って長男のときと同じように右手を前に差し出しました。

有名人でもないのに握手なんて……と慣れないことに照れながら、握手させていただきました。柔らかくて優しい先生の握手。**手のひらを通じて先生の温もり、人柄が伝わってきました。**まだお会いして数分しか経っていないのに、先生との心の距離があっという間に縮んだことを覚えています。

どうして握手をしているのか伺うと、先生が子ども時代、幼稚園の担任の先生に同じように握手をしてもらったことが印象に残っているからだそうです。

「握手には、人と人を仲よくする力があるのよ」

当時、先生がそう言うのを聞きながら、本当に先生を大好きになったため、子ども心に握手の力を実感したそうです。

「なので、私もいつか幼稚園の先生になったら、お母さんと子どもたちに握手をしよう、って決めていたんです」

私もその先生から握手の力を教わりました。不安だった新学年のスタートを先生に安心に変えてもらい、私たちは楽しい一年間を過ごすことができました。

寝ている間にできるささやかな勇気づけ

手のひらには底知れぬ力が宿っています。

体調が優れないとき、自然と患部に手を添えたくなるように、手のひらを通して私たちは癒し、親交、意思伝達、様々なメッセージを伝えることができます。

思春期の子どもには、さりげなく手のひらからメッセージを届けましょう。

朝食の用意をしたときに、軽く背中に手を当ててみる。機嫌のいいときにはハイタッチ。疲れているときはマッサージと称して肩をさすったり、軽く頭に手を触れたり。試合や試験の朝には、背中を両手で力強く叩いて気合注入！

お子さんがまだ小さいママにぜひ覚えておいてほしいのは、子どもが成長して親に生意気な言葉遣いをするような日が来ても、親から信頼されていたいという気持ちはずっと持っているということ。

嫌がる素振りはしますが、殺伐とした会話が増えてきたときほど、意識してこの手のひらから伝わるメッセージを使うようにすると、頑なだった子どもの態度もほどけて、眉間のしわが少し緩くなるのです。

子どもの世界にもいろいろあります。友達づきあいがうまくいっていないとき、部活で思うような結果が出せないとき、進路や将来への不安。自立を目指して、子どもはいつしか親を相談相手にしなくなります。

私はときどき、眠っている我が子にそっと手を当てます。優しくさすっていると、呼吸が深くなっていくのがわかります。

寝ている間にできるささやかな勇気づけ。子どもにはナイショです！

16 子育てに手詰まり感を感じたらカードを増やそう

悩み多きママたちに最後にお伝えしたいのは、悩んでいるだけでは問題の解決はできない、ということです。

学生のときの授業で読んだ本の中に、とても印象深かったため、今でも覚えている言葉があります。

「悩みとは、問題に直面したとき、自分が持っているあらゆる策の中に解決できる方法がない、と感じたときに湧く感情である」

続けて先生が、「だから、解決策をたくさん持っておけば、悩まずに行動できる。解決策を増やすには勉強したり、本を読んだりすることが役に立つぞ」とおっしゃったことも鮮明に覚えています。

確かに、問題が次々と起こったとしても、解決策を思いつくうちは、悩まずに行動に移すことができます。ところが、どうしたらいいかわからないと行動に移せません。頭の中でぐるぐると「ああでもない、こうでもない」と考えているだけで、時間ばかりが過ぎていきます。

悩みがあるということは、その問題を解決できる「カード（切り札）」が自分の中にない、ということなんですね。

解決策が思い浮かばないケースとは

解決策＝カードが思い浮かばないときは、二つの場合が考えられます。

一つは、未経験の問題の場合。これまで経験したことがないので、どうしたらよいかわからないのは当然です。

ですから勇気を持って困難に向かいましょう。そこで学んだことや気づいたことは、「あなただけの活きた知恵・経験＝カード」となり、次の問題が起こったときにきっと役立ちます。

もう一つは、問題解決へのルートが少ない場合です。そのため、あなたのこれまでの知識や経験が役に立たないという場合があります。

しかし、他の視点からアプローチしてみたらあっさり解決することもあるかもしれません。カードを得るためには、本を読んだり、周りの人に相談してみるなど、いろいろな角度から考えてみましょう。

失敗は次へのステップ

ときには失敗と思われるような結果になることもあるかもしれません。ですが、「失敗はチャレンジの証」「次へのステップ」です。

あなたが勇気を持って困難に立ち向かった結果、頼もしい人生の「カード」を一つ手に入れられた、そう考えると、失敗やチャレンジを繰り返すことも、どんどんたくましい人生を生きるプロに近づくためのステップと考えられます。

子育ての悩みも同じこと。お子さんと一緒に、日々たくさんの経験を重ねることで、ママも一歩一歩たくましいママに成長していけるのです。

あとがき

本書を最後までお読みくださり、ありがとうございました。

子育てで忙しい毎日、合い間を縫って最後まで読み通すのは、簡単なことではなかったと思います。それだけあなたは子育てに真摯に向き合い、お子さんとよりよい関係を築きたいと思っていらっしゃるのですよね。このことでも、ぜひご自分を勇気づけしてほしいなと思います。

本書の監修者である岩井俊憲先生から、執筆のお話をいただいたのは今年の1月。「いつか本を出して、勇気づけの子育てをたくさんのママに届けたい」という夢を持っていた私にとって、まさに夢が現実になるお話。二つ返事で引き受けさせていただきました。

本書にも書いた通り、アドラー心理学・勇気づけの子育てに出会う前のわが家は、普通……とはとても言えないような、むしろひどいほうに入る親子関係、夫婦関係でした。

アドラーはかつて「性格は変えられる」と説きましたが、それにならい私もこの家庭環境を変えようと決意し、「自覚的不器用さ」（新しい行動を取り入れるが、違和感を感じながら不器用にしかできない段階）を味わうことから勇気づけが始まりました。

最初はうまくいかない日のほうが多くて、本当にこれでいいのか不安になったり、迷いが出たこともありました。けれども私は、たとえ失敗だらけでも挑戦することを選びました。何もせずにまた前の生活に戻ることだけは絶対にイヤだったのです。その一心で、ただただ勇気づけを実践し続けました。

いつしか、うす曇りの空から太陽が少しずつ姿を現すように、我が家にも少しずつ希望の光が注がれ、気づけば笑い声やたわいない会話が途切れない家族に変化していきました。

別居中、私がアドラー心理学を通じて自分を立て直し、新しい自分で再出発する覚悟ができた頃、時を同じくして夫も新しい家庭を作り直す覚悟をもって再出発を望んでくれ、現在に至ります。その後の我が家のユーモラスな様子は、ブログ『くすっと子育て』をお読みいただけると、おわかりいただけると思います。

「勇気づけ」の子育てに出会い、もうすぐ3年になろうとしています。

時々、「お、勇気づけ上手になってきたかも♪」と思えることもありますが、息子たちも成長中。反抗期、思春期、目まぐるしいほどのスピードで変化しています。言葉でストレートに伝えると嫌がられたり、母親に知られたくないことも増えて、うまくいかないなぁ、と思うこともしばしば。親子の距離も小さい頃とは随分変わってきました。

けれども「勇気づけ」で子どもに伝えたいメッセージは、子どもが成長しても変わりません。

「キミのことを見ているよ」「いつでもキミの味方だよ」

これだけでOK！　ずっと変わりません。

年頃の息子たちは「うるさいな」「あっちに行っててよ！」と素っ気ない返事しかしません。けれど今は「私の言葉に返事をしている」それだけで十分です。

「なんて口の利き方なの！」と思うこともありますが、子どもたちの言葉にはいちいち取り合わず、「聞いてくれてありがとう」と返しています。

この本はイライラ、ガミガミ叱ってばかりだった私が、アドラー心理学に出会って実際に変わることができた「体験記」です。

この本があなたにとって「私も変われる」と勇気の一歩を踏み出すきっかけになれることを願っています。

最後に、監修者として、また日頃から生き方そのものによりアドラー心理学を伝えてくださっている岩井俊憲先生、講座やブログ読者の皆さま、慣れない原稿執筆に何度もくじけそうになった私を勇気づけてくれた家族、そしてこの本を最後まで読んでくださったあなたに、心より感謝申し上げます。

ありがとうございました。

二〇一五年一二月　野口勢津子

解説

監修者
岩井　俊憲（ヒューマン・ギルド代表）

本書『イライラしないママになれる本〜子育てがラクになるアドラーの教え』の監修者として、①この本の成り立ち、②読者に強調したい点、③著者の野口勢津子さんのこと、の3点について述べさせていただきます。

この本の成り立ち

この本の企画は最初、株式会社秀和システムさんから私に寄せられたのですが、私は他社から単著で『親と子のアドラー心理学 ― 勇気づけて共に育つ』（キノブックス）と監修本『マンガでよくわかるアドラー流子育て』（宮本秀明著、かんき出版）を出しているため三番煎じもいかがかと思い、私よりも読者であるお母さん方により近い立場に位置する著者として、野口勢津子さんを推薦しました。彼女の経験や考え方、人柄は、読者から共感を得られるに違いないと信じておりました。

でき上がったこの本を一読し、私の思いには間違いがなかったどころか、私の予想を大きく上回る本になったことを確信しました。担当編集者との度重なるやりとりによって、著者の野口さんの中で隠されていながら出現を待っていた才能が化学反応を起こし、スパークしたのでしょう。そうして、苦心と努力の結晶のような本書が生み出されました。

読者に強調したい点

この本には野口さんの三つのメッセージが込められているようです。

①失敗体験があってもいいじゃない。
②クヨクヨ悩んでいないで、できるところから始めようよ。
③それには、複雑に考えるよりシンプルにしてしまうこと。

野口さんの二人の男の子を育てる過程は、第1章で読み取れるように、それこそ山あり谷あり。ご夫婦の関係も危機的な状況があったようです。

それは世間では「失敗」と呼ぶのだそうですが、野口さんにかかってしまうと、過渡的な現象にしかすぎず、あきらめさえしなければ、言い換えれば、それでフィナーレを迎えなければ、失敗にならないことを教えてくれます。ここが読者の共感を呼ぶところです。

アドラー心理学では、「不完全である勇気」とよく言います。

私たちはよりよくなろうとして努力しますが、どうにもならないとき、こんなはずじゃなかったときが、それこそしょっちゅうあります。そんなときに陥りがちなのが自分と他者を責める心理です。

「どうしてできなかったのだろう?」

「私のどこに問題があったのだろう?」

「きっと私の周囲に何かしら妨げる要因があったに違いない」

こうして原因探しは果てしなく続きます。その結果、子育てに自信を失うばかりでなく、自分自身をより一層卑下することになってしまいます。

そんなときこそ「不完全である勇気」の出番です。

勇気は他者を勇気づけるために使われるだけでなく、自分自身の不完全さを受け入れるためにも発揮されます。「不完全である勇気」は、失敗に見えることを可能性に見せてくれる知恵です。

「不完全である勇気」はまた、クヨクヨ悩むよりもハタと困ったとき、困る現実はありながらも、できることから取り組んでいくことを教えてくれます。そのことは、第2章の感情のコントロール法で学べます。第4章の困った場面での対処法も参考になり、第3章の勇気づけを駆使して、小さなところから取り組みが可能になります。

さらに特筆すべきは、この本の、特に第5章に込められたシンプルなヒントの数々です。

仮に解決策が思い浮かばなくともかまいません。やがてたくましいママになれるよう勇気づけてくれています。

ここまで私の解説を読んでいただくと、この本がアドラー心理学をもとにした子育てに関して第一級の本であることをご理解いただけるでしょう。

野口勢津子さんのこと

野口さんは、大学を出てから中学受験塾として有名な会社のスタッフとして働き、その後、結婚されてから二人の男の子を育てていました。二人とも今や思春期の真っ盛りです。

あるご縁で私の所属するヒューマン・ギルドに通われ、アドラー・カウンセラー養成講座を含む様々の講座を受講され、「愛と勇気づけの親子関係セミナー（ＳＭＩＬＥ）」のリーダー、ＥＬＭ勇気づけトレーナーとしてグループ学習に参加する方々の講師としてご活躍です。

かたわら『くすっと子育て』のブログ（http://ameblo.jp/kusuttokosodate/）で、悩めるママたちに勇気と自信を与え続けてくれています。

ここで、野口さんの体験と理論の背景が何となく伝わってきているようですが、野口さんはある行政機関でＳＯＳを発している女性たちの相談に関わっておられます。

以上からおわかりのように、本書は、集めた情報を本にしたものでなく、野口さんの学びと体験から血となり肉となっていたものを、多くの方々に届くように紡ぎ出された本であることがご理解いただけるでしょう。

この本を読むことによって、クヨクヨ悩んだりイライラしがちな、子育てで困難を抱えている方が「決して育てづらい子なんていない」と思うようになったり、これから本格的に子育てに従事する方が希望を持って取り組めたりするようになると信じております。

♣ 著者プロフィール ♣

野口　勢津子（のぐち　せつこ）

1972年三重県生まれ。1995年相模女子大学学芸学部卒業。中学・高等学校教諭一種（英語）免許取得。大学卒業後、日能研で「授業を持たない先生」としてのべ1000組以上の親子の学習サポート、相談援助業務を行う。アドラー心理学カウンセリング指導者である岩井俊憲氏に師事し、現在は横浜を中心に「愛と勇気づけの親子関係セミナー」などを開催。また、神奈川県厚木市役所相談員も務める。中学3年生と1年生、二人の息子の母。

Blog http://ameblo.jp/kusuttokosodate/

Facebook https://www.facebook.com/setsuko.noguchi.54

♣ 監修者プロフィール ♣

岩井　俊憲（いわい　としのり）

1947年栃木県生まれ。1970年早稲田大学卒業。外資系企業の管理職などを経て、1985年4月、有限会社ヒューマン・ギルドを設立。アドラー心理学カウンセリング指導者として、アドラー心理学に基づくカウンセリング、カウンセラー養成、各種研修を行っている。著書に『マンガでやさしくわかるアドラー心理学』（日本能率協会マネジメントセンター）、『親と子のアドラー心理学』（キノブックス）など多数。

♣ 装丁　室田敏江（志岐デザイン事務所）
♣ カバーイラスト　内田深雪

イライラしないママになれる本《ほん》
子育《こそだ》てがラクになるアドラーの教《おし》え

発行日　2016年　1月　1日　第1版第1刷
　　　　2017年　8月 15日　第1版第10刷

著　者　野口《のぐち》　勢津子《せつこ》
監　修　岩井《いわい》　俊憲《としのり》

発行者　斉藤　和邦
発行所　株式会社　秀和システム

〒104-0045
東京都中央区築地2丁目1−17　陽光築地ビル4階
Tel 03-6264-3105（販売）　Fax 03-6264-3094

印刷所　図書印刷株式会社　Printed in Japan

ISBN978-4-7980-4534-4 C0037